Sag jetzt nichts, lass mich zu Ende reden!

Neue ungehaltene Reden
ungehaltener Frauen

Herausgegeben von Friederike Emmerling, Friedrich Block,
Julia Hagen, Julia Heinen und Judith Heinz

S. FISCHER

Aus Verantwortung für die Umwelt hat sich der S. Fischer Verlag zu einer nachhaltigen Buchproduktion verpflichtet. Der bewusste Umgang mit unseren Ressourcen, der Schutz unseres Klimas und der Natur gehören zu unseren obersten Unternehmenszielen.

Gemeinsam mit unseren Partnern und Lieferanten setzen wir uns für eine klimaneutrale Buchproduktion ein, die den Erwerb von Klimazertifikaten zur Kompensation des CO_2-Ausstoßes einschließt.

Weitere Informationen finden Sie unter:
www.klimaneutralerverlag.de

Erschienen bei S. FISCHER
Frankfurt am Main, Februar 2023

© 2023 S. Fischer Verlag GmbH,
Hedderichstr. 114, D-60596 Frankfurt am Main

Satz: Dörlemann Satz, Lemförde
Druck und Bindung: GGP Media GmbH, Pößneck
Printed in Germany
ISBN 978-3-10-397524-6

Inhaltsverzeichnis

DIESES BUCH WÜTET

Dieses Buch wütet. Das werden Sie merken, sobald Sie die erste Rede aufgeschlagen haben, und danach die zweite, die dritte, die vierte. 24 Reden von 24 ungehaltenen Frauen. »Sag jetzt nichts, lass mich zu Ende reden«, verlangt der Titel. Ein selbstbewusster Satz, aber auch ein ungehaltener. In den 1980er Jahren schrieb die Autorin Christine Brückner ihn in ihr Buch mit dem Titel: »Wenn du geredet hättest, Desdemona. Ungehaltene Reden ungehaltener Frauen«. Sie entwarf fiktive Reden für Frauenfiguren aus der tatsächlichen, der literarischen und der mythologischen Geschichte. Damit lenkte sie den Fokus auf jene, die ansonsten eher eine Nebenrolle einnahmen. Die Gruppe ihrer Ungehaltenen reicht von Klytämnestra über Maria zu Katharina Luther, Christiane von Goethe, Effi Briest, Gudrun Ensslin und vielen anderen. Das Buch wurde ein großer Erfolg. Ungehalten blieben die Reden nicht lange, sie wurden am Theater immer und immer wieder gespielt. Doch eine Sehnsucht blieb: Zu hören, was die echte Katharina Luther, geborene von Bora, zu sagen gehabt hätte. Eine Veranstaltung, die 2021 zum 100. Geburtstag von Christine Brückner im Kasseler Rathaus stattfand, sollte das ändern: Ungehaltene Reden ungehaltener Frauen, die vor Publikum gehalten wurden. Einer Ausschreibung folgten zahlreiche Frauen und reichten Videos ihrer Reden ein. Das Ergebnis ist überwältigend und auf www. ungehalten.net zu sehen. Gemeinsam ergeben diese Reden ein gewaltiges Mosaik aus mutigen Stimmen. Sie sind biographisch, politisch, komisch, traurig, literarisch, pragmatisch, verletzbar und manchmal auch verletzend. In breiter Vielfalt stehen sie nebeneinander, ergänzen und widersprechen sich und entwickeln gerade durch das Unabgestimmte und Mutige eine berührende Schönheit. Die Reden in diesem Buch könnten unterschiedlicher nicht sein. Eine fordert Frieden ohne Waffen und eine andere Waffen für den Frieden. Eine kämpft mit dem eigenen Körper, eine andere mit Gewalt in der Familie. Eine zerbricht an den Erwartungen, eine andere wütet wie eine Furie. Aber gerade das Nebeneinander hilft zu verstehen. Wenn all diese Frauen reden und zuhören, wenn wir einander zuhören und miteinander reden, knüpft sich ein starkes Gewebe aus Worten, Erfahrungen und Verständnis.

Jede Frau, die zu reden beginnt, lädt dazu ein, ihr zu folgen. Das Schweigen wird beendet. Und bei aller Wut beginnt hier ein Leuchten.

2022 wurden die ersten ungehaltenen Reden als Schwerpunktthema in der Literaturzeitschrift *Neue Rundschau* abgedruckt. Was als ungehaltenes Frauenbuch gedacht war, entpuppte sich als feministischer Tiefpunkt. Das Buch begann zwar mit ungehaltenen Reden, im zweiten Teil befanden sich aber ausschließlich männliche Texte. Ein Missverständnis, einzig dadurch gerettet, dass das eigene Scheitern in einem ungehaltenen Vorvorwort offengelegt wurde. 2022 gab es wieder eine Ausschreibung. Viele neue ungehaltene Reden sind entstanden. 24 sind in diesem Buch zu lesen. Der Schwerpunkt *Neue Rundschau* liegt in der Vergangenheit, die ungehaltenen Reden haben ihr eigenes Buch bekommen. Erste Erkenntnis: Der Weg ist das Ziel. Zweite Erkenntnis: Immer weitergehen. Dritte Erkenntnis: Immer weiterreden. Lesen Sie, was all diese Frauen zu sagen haben. Und überlegen Sie gleichzeitig, was Sie selbst zu sagen hätten. Weil es einfach nicht genug Frauen geben kann, die immer wieder aufs Neue mutig und selbstbewusst das Wort ergreifen.

Friederike Emmerling

Franziska Hauser

Ostfrau verschwunden

»In Deutschland musste bis 1977 der Ehemann den Arbeitsvertrag seiner Frau unterschreiben, es gab kaum Kindergärten und Frauen mit Kindern waren gezwungen zu Hause zu bleiben.« Diese Sätze regen mich jedes Mal so auf, dass ich schreien könnte. Nicht, weil es so ungerecht zuging, sondern weil es einfach nicht stimmt. Denn so war es nicht in Deutschland. So war es in Westdeutschland, so war es in der BRD. Aber die DDR war auch Deutschland und da war es vollkommen anders.

Ich war fast fünfzehn zur Wende. Bei einer Berliner Kulturveranstaltung, in der es um die Rolle der Frauen mit und ohne Beziehungen, mit und ohne Kinder geht, bin ich heute so alt, wie alle anderen Frauen, die sich im selben Maße verstanden fühlen, wie ich mich hier unverstanden und ignoriert fühle. Ich würde gerne türenknallend den Saal verlassen, aber verstehen würde das niemand.

13

Was hilft gegen eine solche Wut? Die Einsicht, dass sie auch nur auf Unverständnis basiert?

Aber sogar Ostfrauen scheinen vergessen zu haben, dass es mal anders war, als sei es vor dreißig Jahren eben der Preis für andere Freiheiten gewesen. Als hätten wir nun mal dafür bezahlen müssen, dass wir jetzt reisen und unsere Lebenswege individueller gestalten dürfen. Wir haben uns blitzdingsen lassen, um uns unbedingt an den Westen anzupassen. Wir haben unsere Ostvergangenheit abgelehnt, um in der neuen Gesellschaft klarzukommen, über die uns in der Schule blöderweise nur Schlechtes beigebracht wurde.

So wurde das Frauenbild der DDR nach der Wende offenbar sofort von einem Raumzeit-Loch eingesaugt. Dazu kommt, dass alles Fortschrittliche, was der Sozialismus und so mit sich gebracht hat, für die Öffentlichkeit einfach nicht so interessant ist wie die Gruselgeschichten. Übrig geblieben ist nur die Stasi.

Das grausame Frauenbild der Nazizeit wird auch immer noch hin und her gewälzt. Verständlich. Denn das ist die Geschichte, die in uns allen steckt, die uns vereint. Die Ost-West Geschichte dagegen ist eine, die uns offenbar immer noch trennt.

Aber wir haben eben Kapitalismus gewollt, haben den Sozialismus dagegen eingetauscht. Und im Kapitalismus, den wir dann bekommen haben, waren

Frauen nun mal wieder abhängig vom Gehalt des Ehemannes. Alleinerziehende sind heute größtenteils immer noch arm dran und die Kinderbetreuung muss man sich auch erkämpfen. Vergessen sind die stolzen, selbstbestimmten Ostfrauen, die gefördert und gefordert wurden und das Gefühl hatten, von ihrem Staat gebraucht zu werden und auch geistig trainiert und auf wichtige Posten gehoben wurden, ob sie wollten oder nicht. Eingefügt haben sie sich nach dem Mauerfall in das neue West-Frauenbild, das eigentlich ein altes war. Ein Veraltetes. Eins, das in der DDR längst überholt war. Gleichberechtigung war das zwar auch noch lange nicht, die Ostpolitik war genauso männlich wie die Westpolitik, aber ein paar große Schritte weiter war die Emanzipation im Osten schon. Nicht, weil Ostfrauen stärker waren als Westfrauen, sondern weil die Gleichberechtigung Staatsprogramm war.

Aber nach der Wende hat die bislang unabhängige Ostfrau verstanden, dass Ehe und Festanstellung jetzt die obersten Ziele sind. Dann erst Kinder. Bloß nicht vorher!

Jetzt leben im Prenzlauer Berg Frauen, die in Westdeutschland aufgewachsen sind und beschweren sich darüber, dass man es alleinerziehend so schwer hat. »Unsere Mütter waren ja Hausfrauen«, sagen sie und kommen nicht auf die Idee, dass es nicht *unsere* Mütter waren, sondern nur *ihre*. Sie leben in Ostberlin, ohne zu wissen, dass das Frauenbild, das sie heute anstreben, hier in ihren eigenen Zimmern, vor gar nicht so langer Zeit schon mal real gelebt wurde. Sie halten ihre feministischen Forderungen für eine lange überfällige Veränderung der Gesellschaft, ohne zu wissen, dass es nur die überfällige Weiterentwicklung ihrer eigenen westlichen Geschichte ist.

Wenn ich versuche, zu erzählen, dass das Leben einer alleinerziehenden Frau in der DDR völlig anders war, dann nicken sie und haben es vielleicht schon geahnt. Aber was sie kennen, ist wieder nur das Bild mit der Stasi und der Indoktrinierung. Was sie nicht kennen, ist das allgemeine, allen Frauen zugestandene und wahrgenommene Mitbestimmungsrecht, das nicht nur eine Karriere von Quotenfrauen in Männerberufen war.

Wo ist dieses Frauenbild hin? Welches Loch hat diesen Fortschritt verschluckt? Welche Ignoranz hat diese Erinnerung verdrängt?

In unserem gesamten Freundeskreis gab es genau eine Hausfrau und die wurde von den anderen betrachtet, als hätte sie einen seltsamen Spleen. Was soll das sein, »Hausfrau«? Vom Geld des Mannes leben? Wieso das denn? Klar, fing man an Kinder zu bekommen, wenn die Beziehung stimmte. Es war abwegig, das von einer beruflichen Lage abhängig zu machen Und klar musste sich trennen, wer sich nicht mehr liebte. Ein prügelnder oder trinkender Mann musste sofort verlassen werden. Emotionale Abhängigkeit war das Hindernis, aber keine wirtschaftliche. Klar, hatten Frauen mit dreißig Kinder und dass die alle vom selben Mann waren, war in unserem Berliner Freundeskreis eher selten. Klar, musste jedes Fremdgehen sofort auf den Tisch. Alles andere wäre in einem so kleinen Land womöglich echt dumm gewesen. Mit jedem Tramper fand man nach fünf Minuten eine Handvoll gemeinsamer Bekannter. Die ständigen Beziehungsdramen fand ich als Kind schrecklich. So wollte ich es später nicht nachmachen. Mir schien das einen zu großen Teil des Erwachsenseins zu bestimmen und sicher lag es auch daran, dass man schon ab achtzehn mit dem Kinderkriegen anfing und die Kinder mitkriegten, dass die Beziehung ihrer Eltern so instabil war, wie Beziehungen in dem Alter eben sind.

Klar, waren die Frauenleben in ihren Zwängen und Freiheiten so vielschichtig wie überall.

Aber dass eine alleinlebende Frau mehr bemitleidet wurde als ein alleinlebender Mann, habe ich nie erlebt. Mir kommt es unvorstellbar vor, was während der Frauen-Veranstaltung einheitlich als gegeben angesehen wird. Hier versuchen alleinlebende Frauen sich ein neues Selbstbild beizubringen. Eins, das nicht bemitleidet werden muss. »Unsere Mütter konnten uns keine Vorbilder sein.« Doch! Will ich rufen. Die DDR-Mütter könnten euch heute noch Vorbilder sein! Zum Beispiel fanden sich mehr Ostfrauen in der Nachwendepolitik, weil sie Mitbestimmung schon lange gewohnt waren. Was mache ich also hier gegen meine Ohnmacht, gegen mein Schreien wollen? Ein paar Schritte zurückdenken und versuchen zu verstehen, könnte helfen.

Ein alter Arzt erzählte mir mal von seinem Vater, der ein Landarzt war und seine Aufgabe darin erkannt hat, den Bauernfamilien beizubringen, ihre Frauen nicht wie Nutztiere schuften zu lassen. Frauen, die das harte Leben nicht aushielten, taugten nichts, solche, die nach der Entbindung gleich wieder im Stall standen, waren gute Frauen. Der Arzt musste auf den Tisch hauen, wenn man Mütter nach Entbindungen sofort wieder aufs Feld schickte. Die Höfe erbten die Söhne, deren Gesundheit und Körperkraft stabiler war als die der Töchter. Dass Frauen unter der schweren Arbeit stärker litten, sahen die Männer auch und mit dem wachsenden Wohlstand änderte sich das. Frauen wurden geschont und irgendwann ist der Wohlstand übergeschnappt, bis die westliche Wohlstandsfrau zur geschonten Hausdienerin ihres Ehemannes gemacht wurde. Wenn die Grundschule jahrelang keinen

Deutschunterricht hat, weil die Deutschlehrerin keinen Kitaplatz bekommt, fängt es an komplett absurd zu werden. Und damit kämpfen die Töchter dieser Mütter offenbar heute noch. Im Osten hat es diesen Wohlstand nicht gegeben, so konnte der auch nicht überschnappen. Ostfrauen wurden als Arbeitskräfte gebraucht. Statt sie zu schonen, griff man ihnen unter die Arme, in einem Maße, das wir uns heute wünschen.

Mir tut es ehrlich leid, wenn Frauen im Westen, nur um nicht an den Herd gefesselt zu werden, keine Kinder bekommen haben, obwohl sie gewollt hätten. Ich bewundere Westeltern, die Kinderläden gründeten. Ich schätze die fürsorglichen Wohlstandsväter, deren Betreuung unabhängig ist vom Stand der Beziehung, und ich schätze auch die Mühe, die es den Westtöchtern heute noch bereitet, eine gleichberechtigte Form für die Partnerschaft zu finden.

Wütend zu werden über die scheinbar ausgestorbene Spezies der Ostfrau hilft uns nicht. Aber vielleicht ist sie ja doch nicht komplett verschwunden und vielleicht hilft es, daran zu erinnern, dass dieser Kampf lohnt.

Franziska Hauser ist 1975 in Berlin geboren, hat freie Kunst und Fotografie studiert. Von ihr wurden bisher vier Romane und ein Fotobildband verlegt.

Eva Schulz-Jander

Kurze Rede über eine lange Geschichte

»Männer und Frauen sind gleichberechtigt«, so steht es, dank Elisabeth Selbert, im Grundgesetz. Wir aber wissen, dass dieses Recht, 73 Jahre nach seiner Verabschiedung, noch nicht eingelöst ist, nicht für junge und erst recht nicht für alte Frauen, WIR fallen durch alle Raster.

Ich bin eine Frau, 86 Jahre alt, na und? Ihr seht mich, weil ich das so will, aber sonst bin ich, zusammen mit vielen anderen alten Frauen, unsichtbar – verschollen – im Limbo.

Verschwunden sind wir aus unserer reich bebilderten Welt, alte Frauen besitzen keine hochrangigen Posten in Ministerien, alte Männer schon. Alte Frauen verschwinden von den öffentlichen Bühnen, alte Männer bleiben. Nicht mal als Leiche sieht man uns im Zürich- oder Istanbul-Krimi. Nein, in der bewegten Bilderwelt sind wir unsichtbar und das weltweit.

Die Printmedien sind voller Bilder alter Männer. Alte Frauen – das wären lauter leere Seiten. Wir sind ganz einfach unsichtbar. Und wenn du »Hallo, hier bin ich« rufst, kommt »Ach ja, hab dich doch glatt übersehen. Bist so klein geworden, ganz süß«. Da frage ich euch, wer bitte schön will übersehen werden, und im Alter süß sein? Kleine Mädchen sind süss, alte Frauen nicht. Alte Frauen sind SAUER unter ihrer Tarnkappe.

In der Sprache dagegen sind alte Frauen richtig sichtbar. Wie in: alte Schachtel, warum Schachtel, vielleicht, weil sie leer und zu nichts mehr gut ist, oder wie in Hexe, die braucht nicht mal das Wort »alt«, ist es einfach – alt und böse; oder nehmen wir die vertrocknete Alte, das ist sexistisch, aber bei alten Frauen macht's eh nichts, die haben kein Geschlecht mehr, sind doch schon jenseits, und beliebt bei den Berlinern ist noch Alte Schrippe, so alt und ausgelaugt wie das Brötchen von gestern? Den Rest erspar ich uns.

All das ist nicht neu. Mitten im 15. Jahrhundert schrieb Villon *Die Klage der schönen Helmschmiedin* und ergötzte sich und seine Zeitgenossen mit der Beschreibung eines vom Verfall gezeichneten weiblichen Körpers

Am Feuer frösteln wir und schwatzen, das Woll-
tuch um die magren Lenden, wir alten Frau'n,
wie räud'ge Katzen,
raufen schüttres Haar mit dürren Händen

Nur unsere Reize zählten einst, hohle Hüllen sind wir
jetzt. So ging es durch die Jahrhunderte, ABER JETZT
IST SCHLUSS. Wir frösteln nicht und schwatzen nicht,
wir stehen auf, sprechen laut und zeigen uns.

Das ist ganz schön viel, und die meisten Menschen
würden Unsichtbarkeit und all die Sprachattacken, die
unter dem Radar der gendergerechten Sprache vor-
beifließen, in die Verzweiflung treiben. Mich nicht, ich
bin so alt geworden, weil ich gekämpft, mich immer
wieder neu erfunden habe. Ich trage die Erfahrungen
und Erlebnisse, die kleinen Triumphe und die tiefen
Wunden der vielen Jahre in mir. Ich bin ganz einfach
eine Frau, das Wort »alt« brauche ich nicht. Macht es
denn irgendeinen Unterschied? Bin ich weniger Frau?

Ich habe mich geschminkt und gut angezogen und
bin gekommen, um euch zu sagen, dass ich neben dem
BEHÖRDENALTER nicht noch ein SOZIALES Alter brauche. Heißt – ich will nicht, dass Männer UND Frauen
mir ein Alter zuweisen und bestimmen, WANN ich alt
bin – für die einen keine Beute mehr, für die anderen

keine Konkurrenz – also – alt. Das brauche ich nicht, das braucht keine, nicht heute und nicht morgen, NIE MEHR.

Und so werde ich euch sagen, was ich alles NIE WIEDER HÖREN, SEHEN ODER LESEN WILL.

NIE WIEDER will ich das Wort »RÜSTIG« hören. Es erinnert mich an Rüstung und erweckt meinen Trotz. Im Wörterbuch steht unter »*rüstig« trotz fortgeschrittenen Alters noch fähig, anstrengende Aufgaben zu erfüllen;* nein nicht TROTZ, sondern WEGEN kann ich da nur erwidern.

NIE WIEDER soll jemand mir FÜR IHR ALTER, oder IN IHREM ALTER sagen. In meinem Alter will ich durch Seen schwimmen, in der Wüste auf Kamelen reiten, in Paris auf den Champs- Élysées neue Tanzschritte probieren, und in Kassel in die Kneipe gehen.

NIE WIEDER SOLL mich jemand fragen, ob ich NOCH Auto fahre. Das geht niemanden etwas an, genauso wenig wie, ob ich noch Sex habe, für den es übrigens nicht mal 'nen Führerschein braucht.

NIE WIEDER will ich den Satz hören MUTE DIR DAS DOCH NICHT MEHR ZU, ja, ich mute mir zu, eine Rede zu schreiben, öffentliche Stellungnahmen abzugeben, mich zu erregen gegen Ausgrenzung, Intoleranz oder jede andere Form von Ungerechtigkeit. Ich mute mir zu, Flüchtlinge aufzunehmen, Deutschunterricht zu geben, ich mute mir zu, WAS mir passt.

NIE WIEDER WILL ich dieses Rüchwärtskompliment DU HAST DICH GUT GEHALTEN hören. Ich habe mich GAR NICHT GEHALTEN, ich BIN UNGEHALTEN, keiner und keine hält mich, ich liebe den freien Fall. Schluss damit.

Wir lassen uns das Wort ALT, nicht mehr wie einen zweiten Vornamen aufstempeln, EVA ALT, nein nicht heute und nicht morgen, nie mehr. Ich möchte für uns Frauen sprechen, die von heute, und die von morgen. Ungehaltene Reden schlummern in uns.

NIE WIEDER will ich Büchertitel lesen wie: IN WÜRDE ALTERN, FOREVER YOUNG – DAS ENDE DES ALTERNS, ALT UND FIT, ERNÄHRE DICH RICHTIG IM ALTER, ich will sie nicht lesen, die Bücher, die mir erklären, wie ich die KRANKHEIT – ALTER heilen kann, wie ich drum rumkomme alt zu werden, Schluss mit Ratgebern GEGEN DAS LEBEN.

Selbst mein eigenes iPad schickt mir Nachrichten wie: ALTERN SIE NICHT – STRECKEN SIE SICH.

NIE WIEDER will ich vor den vielen Flaschen, Tuben, Dosen und fein verpackten Päckchen der Kosmetikbranche stehen und vor den anti-age Cremes, die mir versprechen, binnen dreißig Tagen faltenlos und rosig strahlend zu sein, vor der neusten anti-Falten straffenden Creme von egal welcher Firma, die verspricht, zehn Jahre von meinem Gesicht zu tilgen, oder ich bekomme mein Geld zurück. Ja prima, aber wer hat schon mal eine angebrauchte Creme Dose zurückgeschickt?

Andere Firmen versprechen, auf Französisch die Rillen – les sillons dans le visage – aufzufüllen, die straffende Augencreme, umweltfreundlich hergestellt, verspricht strahlende Augen, faltenlos. Du kannst Creme für die REIFE und dann für die SEHR REIFE Haut kaufen. Und für die Mutigeren unter uns gibt es Botox und schließlich für die Reichen das Lifting.

DIE BÜCHER wollen uns von einem MANGEL, einer KRANKHEIT HEILEN, die KOSMETIKINDUSTRIE unser Gesicht ENTKERNEN. Please. Let us just be.

Als Letztes noch die Ratschläge der Modebranche. Die Röcke nicht zu kurz, aber auch nicht zu lang, die Arme fein bedeckt, um den Hals einen Schal, die Haare dunkelblond oder hellbraun auf keinen Fall dunkelbraun oder gar schwarz. Überhaupt die Farben eher gedeckt als grell usw. usw. Und so wandeln wir gestrafft, geglättet, gereift, gecremt und dezent gekleidet unsichtbar daher.

Alte Frau trete hervor aus deiner Tarnkappe und zeig dich, geh allein ins Kino oder auf ein Popkonzert, in die Kneipe oder auf die IT-Messe. Ich will mehr Geschichten lesen, wie die von der 98-jährigen Marietheres Wübken, die mit ihrem Rollator 73 Kilometer lief und Spenden für Kinder in Kenia sammelte. Her mit mehr Geschichten über Frauen, die mit sechzig oder siebzig oder ... Ende offen, Tango tanzen, einen Krimi schreiben, einen Salon gründen, oder einen Schreibwettbewerb gewinnen. Ihre Stimmen will ich in Talkshows hören, ihre Geschichten in Filmen sehen. Ich will sie auf der Straße treffen gealtert und gefaltet, geschmückt und geschminkt, geachtet und gelassen, genüsslich sich des Lebens freuen.

Nehmen wir uns, was uns keiner gibt – die Freiheit alt zu sein und es zu zeigen. VOM ZERRBILD ZUM ABBILD. Verdrängt aus der BILDERWELT – ERSCHEINEN WIR ALS VORBILD.

Ich fordere, wir fordern, unseren Platz auf der Bühne im Saal des lauten, prallen Lebens.

Eva M. Schulz-Jander, geb. in Deutschland, aufgewachsen in Texas, Studium der Romanistik, Germanistik und Philosophie in Houston, Montpellier
und Berkeley; seit 1967 wieder in Deutschland, aktiv
im interreligiösen Dialog, Autorin mehrerer Bücher
und zahlreicher Artikel, lebt und arbeitet in Kassel,
der Lieblingsstadt.

Theresa Thielemann

Wir sind mehr als das

An euch:
Ich bin Theresa Thielemann. Freunde nennen mich Tessa. Geboren und aufgewachsen in Strausberg, einer Kleinstadt in der Nähe von Berlin. Ich bin 17 Jahre alt und habe überlebt.

Ihr habt richtig gehört, ICH HABE ÜBERLEBT.

Natürlich fragen Sie sich alle, was habe ich denn mit meinen jungen Jahren schon überleben müssen? Ich bin quasi noch ein Kind, bin jung und habe doch erst angefangen zu leben. Klar, damit haben Sie alle recht. Ich bin jung, ich habe noch so viel vor mir und lebe in einem Land voller Möglichkeiten und Hoffnung. Obwohl mir bei der Aussage schon viel in den Kopf kommt.

Was für Hoffnung? Mit der Machtbessenheit der Menschen sollen wir die Welt retten?

Was für Möglichkeiten? Wir werden in Schubladen gesteckt, unter Druck gesetzt und funktionieren für ein System, was die alten Generationen vollkommen unter Kontrolle haben.

Ich weiß ja nicht Leute ... für mich klingt das alles schon ziemlich ironisch.

Wir leben in einer Welt voller Leid, Angst und Zweifeln. Und wir schauen zu. Wir unterstützen und vertrauen in die Zukunft. Jedoch ohne daran zu denken, Initiativen zu ergreifen. Wir reden und reden und reden. Genau was ich gerade tue. Ich rede, aber mache viel zu wenig.

Und da frage ich mich, wie wir die nächsten Generationen retten sollen? Wir können ihnen so eine Zukunft nicht antun. Wir müssen etwas verändern.

Ich habe überlebt, aber schaffen es die Nächsten auch?

Ich glaube an den Willen, aber zweifle an dem System.

Vor sechs Jahren kam ich das erste Mal in Therapie, vor vier Jahren bin ich krank geworden und wurde eingewiesen. Seit 1 ½ Jahren lebe ich in einer Wohneinrichtung für Jugendhilfe. Ich kämpfe und leide, aber für was?

In den letzten Jahren habe ich mit vielen Betroffenen geredet, die an psychischen Erkrankungen leiden. Viele erzählen mir, dass sie Angst haben davor, nicht genug zu sein, dem Druck nicht standhalten zu können und verlassen zu werden. Viele erzählen mir, dass sie unter Mobbing leiden oder gelitten haben. Ich höre von Armut und zerbrochenen Familien. Kinder werden missbraucht, geschlagen oder angeschrien. Kinder müssen die Vater- oder Mutterrolle für ihre Geschwister einnehmen, weil die Eltern nicht da sind, keine Zeit haben oder mit »besseren Sachen« beschäftigt sind. Mir zerbricht bei solchen Sachen meine Hoffnung. Ich kann das nicht hören, ohne zu zweifeln und Angst zu bekommen. So kann das doch nicht weitergehen!

Verdammt viele Kinder und Jugendliche leiden an psychischen Erkrankungen und es werden mehr. Die Tendenz ist steigend.

Doch warum? Weil wir früher an das Überleben während eines Krieges dachten, weil wir eingetrichtert bekommen haben, dass wir perfekt sein müssen – zum Beispiel die perfekte Hausfrau oder der perfekte Schüler.

Um ehrlich zu sein, sind das andere Probleme, aber es ist trotzdem absolut beschissen!

Wir alle leben auf demselben Planeten und atmen dieselbe Luft. Wir alle brauchen Hilfe und Liebe. Wir alle brauchen Selbstfürsorge und einen täglichen Lacher.

Wir sind nicht zum Funktionieren auf diese Erde gekommen, nicht um perfekt oder der Stärkste zu sein. Doch leider liegt es in unserer Natur, wir brauchen Bestätigung, Triumphe und Macht. Was in einem gewissen Maße richtig und wichtig ist. Aber leider können das nur wenige einhalten. Wir kriegen nie genug, brauchen mehr und mehr. Wir müssen besser sein als die anderen, wir müssen die Besten sein. »Schwäche zeigen dürfen wir nicht, das zeigt doch nur unsere Verletzlichkeit. Angst haben nur Feiglinge. Niederschläge sind nur was für Loser.«

Blablabla.

Das ist absoluter Bullshit! Wir sind keine Roboter. Wir sind keine perfekte Figur in einem Roman. Und schon gar nicht sind wir nur dafür geboren, perfekt und problemfrei zu leben.

Zum einen: das perfekte Leben hat und wird nie existieren. Zum anderen hat jeder, wirklich jeder Mensch, Gefühle. Sogar ein Staatsoberhaupt, das gefühlt nur die Welt zerstört. Doch wir lernen es schon in der Kindheit nicht anders. In der Schule muss schon immer alles sauber und ordentlich auf- und abgeschrieben werden. Wir müssen lernen und unsere Hausaufgaben machen. Wenn wir Dinge vergessen oder nicht gelernt haben, sind wir gleich faul. Und wenn wir nicht mitarbeiten oder nicht die besten Noten schreiben, sind wir dumm. Leute bitte, schon wieder der größte Bullshit!

Habt ihr mal überlegt hinter Fassaden zu gucken?

Wisst ihr, ob der Schüler vielleicht an psychischen Erkrankungen, schlechten Familienverhältnissen, Ängsten oder anderen Dingen leidet. Wir Kinder sind Ebenbilder unserer Eltern. Früh lernen wir, uns das Verhalten unserer Eltern anzueignen. Wir kennen es als Kinder nicht anders.

Hört auf, so oberflächlich zu denken! Schaut hinter die Fassaden und Masken der einzelnen Menschen. Hinterfragt und redet. Geht auf andere zu und bietet Hilfe an. Wir müssen eingreifen.

Ja, ich habe meine starke Magersucht, meine Depression und meine Ängste unter Kontrolle. Ich habe überlebt. Durch intensive Hilfe, Zuneigung und Liebe. Wir Menschen sind zwar oft machtbesessen und zielorientiert. Trotzdem sind wir Lebewesen. Wir fühlen, lieben und leben. Es geht nicht um's Funktionieren für irgendein System!

Denkt an die Zukunft, fangt an weiterzudenken und an die leidenden Kinder, Jugendliche, Familien und Länder. Wir müssen zusammen, alle zusammen, helfen.

Bitte denkt nicht nur an euch. Das Leben ist so viel mehr als Geld, Macht und Ruhm. NEIN, die Dinge im Leben, die das Leben ausmachen, sind Menschen, Gefühle und Erfolge, welche so unfassbar individuell sein können.

Ich möchte Kinder haben mit einem guten Gewissen, ihnen diese Welt zutrauen zu können. Ich möchte das arbeiten und / oder studieren, was ich mag. Unabhängig vom Geld. Ich möchte Zeichen setzen und lieben. Mich, mein Leben und so vieles mehr.

Das Leben ist es wert zu kämpfen. Und die Hoffnung an ein unbeschwertes Leben für jeden Menschen gebe ich nicht auf!

Theresa Sophia Thielemann, geboren 2004 in Strausberg, besucht die 11. Klasse des Leonardo da Vinci Campuses am Gymnasium. Seit sie 12 Jahre alt ist geht sie zur Therapie und hat sich zu ihrer Aufgabe gemacht, auf psychische Probleme aufmerksam zu machen und ihre Gedanken in Gedichte oder Reden zu verfassen.

Sofie Morin

Wilde Rede

Wir müssen über Frauenrollen sprechen.

Im Lateinischen bezeichnet »Avia« sowohl die Großmutter als auch einen abgelegenen Ort, eine Einöde.
Dasselbe Wort. Ich sage mir, dass die Entlegenheit,
die in diesem Dazwischen mitschwingt, wohl weniger
eine räumliche Entfernung meint. Viel eher schmecke
ich in diesem Flirren der Bedeutungen zwischen Oma
und Einöde die Bitterkeit, mit der dieses »Avia« auf die
versiegte weibliche Fruchtbarkeit weist.

Wie alle Wörter stammt auch dieses aus einem irr-
witzig falsch vermessenen Raum zwischen Glaube
und Hoffnung, der niemals frei, der immer von den
Bedingungen unseres Zusammenlebens bestimmt ist.
Und weil ich sehr gewillt bin, diese Bedingungen zu
einem Besseren zu verändern, ist es die dritte Bedeu-
tung von Avia, für die ich mich als die von mir bevor-
zugte Auslegung entscheide: die der Wildnis. Dieser
mythische Ort, von dem die einzigen Beschränkun-

gen kommen, die uns wahrhaft zu kümmern brauchen.

In meinem weiblichen Heranwachsen war meine Großmutter das Beste und das Schlimmste, was mir passieren konnte. Die Enge ihrer Ansichten war eine andere als die meiner Mutter. Bei aller Einschränkung auf gewünschtes, mädchenhaftes Verhalten, hatte ihre Zuwendung den Anstrich von etwas Großzügigem. Meine Mütter waren zwei, und ich hatte keine Ahnung, dass ihre Ansprüche an mich, nicht das Maß aller Dinge waren. Die eine wollte mich dünn – weil einem Mädchen etwas anderes nicht zu Gesicht steht –, die andere wollte mich unabhängig und selbstbewusst – aber nur Männern gegenüber, weil ein Mädchen sich auf nichts von Männergnaden verlassen darf, so die Oma. Beide Frauen kannten ihre Quellen nicht und fanden sie dennoch verlässlich.

Die Ordnung der Welt wurde mir also früh als eine nach Geschlechtern vorsortierte weisgemacht – zwei an der Zahl, hieß es, nicht mehr und nicht weniger. Da mir die Möglichkeiten, die mir als künftige Frau offenstanden, wenig verlockend erschienen, wäre mir, um ein freier Mensch zu werden, nur der Ausweg geblieben, doch noch ein Kerl zu werden. Mit solchen und anderen Überlegungen trösten wir uns, als Mädchen.

Erst viel später, wenn die Wildheit unserer Kindheit eine verklärte Erinnerung ist, und wir bemerken, dass es vielen anderen als Frauen Sozialisierten ebenso geht, lernen wir, darüber zu sprechen. Zugleich sind wir ungeheuer zornig darüber, weil es überhaupt nötig ist, das zu tun und weil die Emanzipation von Rollenzwängen nicht selbstverständlich ist, auch heute noch nicht.

Ich bin daher äußerst ungehalten darüber, dass ich diese Rede überhaupt halten muss. Um meinen Unwillen besser aushalten zu können, lege ich mein Augenmerk auf die poetischen Eigenheiten: Die geschwungene Linie, welche meine weibliche Biographie in den Raum zeichnet. Meine ungelenken Versuche ihrer Glättung bei Vorstellungsgesprächen. Die schmucken floralen Muster, die in diesem engen Rahmen keinen Platz finden. Dagegen die texturierte Stofflichkeit, die den Frauenkörper rahmt. Das Hinausdenken über diesen und möglichst viele andere Rahmen. Hinweg über entlegene Orte und Einöden. Das Neudenken und das Entgleiten.

Wann immer uns festgeschriebene Bedeutungen vorgegaukelt werden, erscheint Poesie, mit ihrem Talent zur Verschmelzung von Sinnen, als widerständiger Akt. Einer, mit dem wir unsere Beschreibung der

Welt gestalten und zeigen können und mit dem wir darauf hinweisen, wie brüchig alles Starre in Wahrheit ist.

Und dann ist da die Zeit. Unsere merkwürdigen Zugeständnisse an die Chronologie sind eine Gewohnheit, die wir kaum ablegen können. Dabei erfüllt sich die Generationenfolge auch ohne unser Zutun, ob wir sie achten oder verleugnen macht kaum einen Unterschied. Die Wildnis, der wir Frauen angeblich so eigenartig verbunden sind, erahnen wir ebenso wie unsere Töchter.

Je weiter die Lebenszeit meiner Großmutter in die Vergangenheit rückt, desto inniger hege ich die Erinnerung an unsere Ahninnen, die ich nur durch sie vermittelt kenne. Das Idiom der Weiblichkeit schimmert durch: die tschechische Urgroßmutter, die eigenwillige Tante, die allein inmitten der Natur lebte, Tierskulpturen fertigte, weitab von der Stadt. Jene Schwester meiner Großmutter, die von einer Gruppe Soldaten vergewaltigt wurde und das Kind nie gebar. Die Großtante, die das Schillern des Wassers der Donau-Auen in ihren Aquarellen bannte, vielleicht, um nicht in dieses Wasser zu gehen. Leichtfüßig wie durchscheinend sehe ich sie mit ihrer Staffelei im wilden Augebiet das Leben suchen.

Mitunter gehe ich auf ihren Spuren, suche in der äußeren Wildnis die Verbindung zu dieser Avia in mir. Weil ich ja nicht behaupten kann, dass die etwas wäre, das mir nur beim Gebären meiner Kinder dienlich ist und ansonsten gänzlich von mir wegzudichten sei. Wilde Kraft kommt von weit her und zuverlässig, wenn ich sie lasse.

Ich bewahre die Erinnerungen an meine Kindheit sorgfältig in mir. Die Ringlotten in Großmutters Garten, die irisierende Farbe der Früchte, die ich pflücke, die Zukunft, die Oma mir verspricht, die Freiheit der Wahl. Jahre später meine Oma wie sie an der Schwelle meiner Studentinnenwohnung steht, nicht hereinkommt, mir ein Wort entgegenspuckt, das meine Orientierung, die sexuelle nämlich, bezeichnen soll. Ein Wort, mit dem ich aus ihrem Mund nichts als Abscheu zu verbinden gelernt habe. Die Ringlotten, wie sie mir saftig über die Fingerränder triefen, damals wie heute, sich um Zuordnungen nicht scheren.

Abgehalten hat mich Omas Ansprache von nichts. Ich bin dann weggegangen, um anderswo zu leben, in einer anderen Stadt, inmitten einer zunächst fremden Sprache, die noch nicht so unbeugbar von Begrifflichkeiten besetzt war.

Die Freiheit meiner Zeit als junge Erwachsene bestand aus enthusiastischen Sprüngen ins Unbekannte. Ich schäme mich, das zuzugeben, aber ich brauchte die Verzweiflung der Entwurzelten, um mich als Frau zu finden.

Frausein, das heißt Widersprüche erkunden. Ständig. Und möglichst standhaft zu bleiben. Sich nicht abbringen lassen von der Erforschung des Ureigenen in der knapp vermessenen Geschlechterordnung, deren Zusagen knietief, die Verpflichtungen aber sind Hals über Kopf. Gleich einem Abtauchen ins Wasser, in das zu gehen verboten und dennoch unvermeidlich ist. Dabei gibt es so viel mehr als nur Wasser oder Land.

Zur Jahrtausendwende habe ich mir eine Flughaut wachsen lassen.

Nein, ich will kein Mann sein, ich fühle mich bloß auch zu Frauen hingezogen. Jede Geschichte darüber eine Provokation, gesellschaftlich gesehen. Und allermindestens solange das so ist, müssen wir sie unbedingt erzählen.

Ich habe das bislang nur angedeutet, vielleicht weil es als Andeutung bei uns tradiert ist: Mindestens eine Frau aus meiner Herkunftsfamilie ist ins Wasser gegangen, weil ihre Liebe eine falsche war. Ich weiß nicht genau, wer von uns sich Steine in die Kleider genäht hat, um das verquere Frausein nicht mehr an

Land aushalten zu müssen. Wie viele von uns daran zerbrochen sind, etwas andres sein zu wollen, als ihnen landläufig zugestanden war. Es gehört auch Glück dazu, dem Ruf des Wassers als Frau nicht auf diese Weise zu folgen.

Vielleicht ein seltsamer Glaube daran, dass heute alles besser ist. Dieses »Alles« wie immer famos verallgemeinert, eine Übertreibung mit Ansage.

In mir flüstern viele Stimmen und vieles ist immer noch verwirrend, doch die Lust am Weitergehen ist stärker als die Versuchung aufzugeben. Meine Töchter führe ich an der Hand in eine Welt, die uns allen Angst macht, das zu Recht tut, denn keine weiß heute, mit welchem Preis wir unsere Versäumnisse bezahlen werden.

Die Steine wiegen schwer, auch wenn sie nicht direkt in Kleider genäht sind. Ich habe die Angewohnheit manche von ihnen aus dem Wald mitzunehmen, sie zu beschriften und an die Poesie zu verlieren. Ich suche ihnen Orte und setze sie aus, in der Hoffnung, dass sie dort ein Eigenleben führen, das sich von mir emanzipiert. Ich mag diese Vorstellung sehr.

In diesem Sommer werde ich selbst Großmutter, wild entschlossen, meine Tochter, die noch ein Mädchen ist, als Mutter zu begleiten. Die Wildnis hält uns sicher an der Hand. Avia, das ist nicht nur der mythische Ort, von dem wir kommen, sondern auch der, auf den wir uns beziehen, bestenfalls, um als Gesellschaft weiterzukommen. Nicht selten ausgehend von abgelegenen Orten, von wo wir etwas zum Besseren ändern können. Meine Tochter besteht darauf, dass wir Wahlfreiheit haben müssen. Sie lässt sich nicht dreinreden und vertraut der Wildnis auch dort, wo sie bloß eine Ahnung ist. Ich glaube, sie wird eine wunderbare Mutter.

Sofie Morin, geboren 1972 in Wien, studierte tierische Verhaltensforschung, menschliche Philosophie und Frauenforschung.
Literarische Zwiesprachen gehören zu ihrer Schreibpraxis, etwa die zwischen Morgen und Frausein.

Bettina Pili

Die gute Tochter

Die Mutter ist krank, dement, Alzheimer.

Die Freundin sagt, meine Mutter auch, Pflegestufe 3, der Kollege sagt, meine auch, aber noch im Anfangsstadium, der andere, mein Vater ist krank, dement, Pflegestufe 4, der Freund sagt, die Schwiegermutter ist ein Pflegefall. Pflegestufe 3. Meine hat Pflegestufe 5 sag ich, als wäre es ein Wettbewerb.

Du Arme, sagt der Freund, ich weiß, wie das ist, auch wenn ich nur ab und an mal hinfahren kann, weil das macht die Schwägerin, Cousine, Tante, irgendjemand aus der Familie – wie schön, sag ich und nicke und denke,

du weißt nicht, wie das ist.

Der Vater ruft an, kannst du helfen, die Mutter muss gewaschen werden, die Mutter will wieder nicht von der Hilfe gewaschen werden, und die Tochter sagt, ich bin bei der Arbeit, vielleicht kann der Bruder ausnahmsweise mal, aber nein, der Bruder muss arbeiten, und der kann ja auch die Mutter nicht unter der Dusche und mit der Windel, das geht ja auch nicht. Die Tochter ist müde, wäre gerne mal früher nach Hause, aber das schlechte Gewissen hält sie auf, also doch schnell noch mal hin.

Die Mutter überreden, das dauert, komm wir duschen, nein, ja, nein, ja, okay, dann doch, die Kleider ausziehen, die Windel runter, noch mal auf die Toilette, vorsichtig auf den Stuhl in der Dusche, die Mutter hat Angst, und Vorsicht, Vorsicht, Achtung, Achtung, jetzt kommt das Wasser, ist es warm genug, nein zu heiß?

Den Waschlappen zwischen die Beine ordentlich und unter die Achseln, das Shampoo ins Haar, aufpassen, die Augen fest zu, damit es nicht brennt – wie früher beim Baden, als wir klein waren, weißt du noch –, ganz geduldig, obwohl eigentlich keine Geduld mehr übrig nach einem langen Arbeitstag.

Sie wimmert etwas, da hilft Singen. Wir singen, *Froh zu sein bedarf es wenig*, im Kanon klappts nicht mehr, aber jetzt geht es besser, die Augen kannst du doch längst wieder aufmachen, ist ja schon alles vorbei. Mit dem Handtuch sie trockenreiben und vorsichtig aus der Dusche raus. Nein, du fällst nicht, keine Angst, wir cremen die Arme und Beine ein und machen die Haare schön, das war doch nicht so schlimm, oder?

Die Mutter schaut für einen Moment wieder aus wie früher und sagt traurig ›Danke‹, der Vater sagt traurig ›Danke‹, die Tochter sagt fröhlich ›kein Problem‹ und fühlt sich schlecht, weil sie schnell wegwill. Doch eine Sache noch, sagt der Vater, und setzt an zu einer Frage, nein, das machen wir morgen, sagt die Tochter, und flieht ins Auto, die Tränen kommen schon, das muss ja keiner jetzt noch sehen und lieber laut noch mal *Froh zu sein bedarf es wenig* schmettern und endlich nach Hause – das schlechte Gewissen kommt auch noch auf ein Stündchen mit, Juchuh, aber wenigstens wartet dort jemand, der sich freut, dass man da ist und fragt, Wo bleibst du so lange? Du siehst so müde aus, und wie soll das eigentlich weitergehen? Sie sagt, heut nicht bitte!, das ist so traurig alles, und ich bin zu müde jetzt, und übrigens im Büro, in der Firma da war heute auch, ach das erzähl ich dir morgen, ich will lieber ein Glas Wein bitte und ich mach uns ein schönes Abendessen jetzt und dann haben wir es doch schön – wenn dann bitte das schlechte Gewissen auch mal nach Hause ginge, aber das sitzt ungemütlich weiter mit am Tisch – unfassbar wie aufdringlich.

Aber es muss eine Lösung her, sagt er, das kann nicht immer nur an dir – aber es gibt keine Lösung, explodier ich schon, die Mutter ist krank und der Vater findet, nein, nein, es funktioniert doch alles ganz gut mit der Hilfe hier und der Hilfe dort. Und ich beschwer mich doch nicht, ich krieg doch alles hin. Ja, sagt das schlechte Gewissen, denn sonst muss die Mutter ins Heim, das kannst du ja auch nicht wollen.

Und so ist das wirklich gar kein schöner Abend und morgen wird so ein anstrengender Tag, der Terminkalender ist voll und die Nacht schlaflos, weil das schlechte Gewissen zu viel getrunken hat und über Nacht bleibt und sich noch unterhalten will.

Du musst dich besser organisieren, dann kannst du dich besser kümmern, sagt es. Aber ich weiß nicht mehr, wo noch Zeit abknapsen, ich hab ja noch nicht mal Zeit zum traurig sein, denn meine Mami fehlt mir unendlich, ich wünschte, ich könnte sie fragen, was ich tun soll, weil so viel Arbeit und – Mist, das fällt mir jetzt ein um halb vier Uhr nachts, da hab ich heute in dieser super wichtigen Sache nicht zurückgerufen, oh nein, eine Frist vielleicht sogar verpasst? Am besten geh ich morgen einfach noch früher ins Büro, dann erledige ich das vor dem Meeting, das noch nicht vorbereitet ist. Wenn ich nur kurz mal einschlafen könnte, dann steh ich einfach eine halbe Stunde früher auf.

Aber dann wird es eher eine halbe Stunde später im Büro, der Kopf so schwer wie das Herz und die Tränen gefährlich nah hinter den Augen. Das schlechte Gewissen klopft an – jetzt nicht, doch kurz nur, der Vater hat angerufen, drei unbeantwortete Anrufe auf deinem Handy, vielleicht was Schlimmes, vielleicht mal lieber kurz zurückrufen? Also gut, schnell. Was ist denn? Ja, ach, ich will dich nicht stören, aber übrigens, falls du mal wieder Zeit hast, könntest du dann vielleicht mal, aber natürlich nur wenn du Zeit hast, selten hast du ja Zeit, das verstehen wir, weil die Arbeit, zu der wir dich haben ausbilden und studieren lassen, zu der wir dich ermuntert haben, die ist ja schon auch wichtig. So viel Verantwortung, ein gutes Gehalt, so eine schöne Karriere, sagt der Vater, aber trotzdem schon auch viel, immer so viel zu tun auch an den Wochenenden und wir erzählen das übrigens unseren Freunden immer, wie stolz wir auf dich sind, unsere Tochter, sagen wir immer, ist so fleißig und dann hat sie noch Zeit für uns. Die Mami, die ist immer so glücklich, wenn du da bist, so glücklich.

Jetzt aber gerade nicht, sag ich ruppig. Ich bin im Termin, wir besprechen das später, ja sicher, ganz sicher.

Keine Sorge, das schlechte Gewissen ruft auf jeden Fall pünktlich zurück.

Die Nachbarn nicken mir auf der Straße freundlich zu und flüstern dann hinter meinem Rücken, schlimm, die Mutter so krank, die Tochter müsste sich da schon mehr kümmern. Die Brüder, die sind ja woanders und haben wichtige Berufe, die Tochter ist doch hier und könnte doch viel mehr und öfter. Was die beruflich macht? Sicher in Teilzeit nur, die hat ja selbst Familie und dauernd im Urlaub. Leider versteh ich sie nur zu gut und deshalb sagt mein schlechtes Gewissen sehr höflich ›Guten Tag‹ und lächelt statt ihnen vors Schienbein zu treten, denn ich bin gut erzogen. Eine brave Tochter – geht schnell noch ans Telefon, der Onkel fragt, wie geht es der Mutter und dem Vater und wie schlimm, und er wollte erst mal bei der Tochter fragen und nicht die Eltern stören und die Tochter denkt, Danke auch, und erzählt, wie traurig, wie anstrengend, erzählt wie es ist. Ach, sagt der Onkel, aber genieß diese Zeit und dass du sie noch hast, die Mutter und nimm dir aber auch mal Zeit für dich, schau auch nach dir, das ist wichtig, dass es dir auch gut geht.

Ja, das mach ich, sag ich und denke, das schreib ich mir gleich mal in den Kalender, dass ich, wenn ich nach der Mutter und dem Vater und sonst allem geschaut hab, auch noch mal nach mir schau, und wenn ich nicht bald noch mal mit dem Onkel telefonieren muss, genieß ich diese ganze Zeit auch noch mal so richtig.

Oder rede endlich mal mit dem Arzt darüber, dass ich nicht schlafen kann, der sagt, wie schön, dass Sie sich kümmern, ja, das machen die Töchter auch besser als die Söhne. Meine Frau kümmert sich auch um meine Mutter. Die bleibt jetzt einfach immer im Homeoffice, da kann sie dann schnell mal in der Mittagspause zum Füttern vorbei, da spart sie sich auch die Pendelei jeden Tag, das ist so toll wie man da Familie und Karriere unter einen Hut bringen kann im Homeoffice. *Work Life Balance*, sagt er tatsächlich, wofür ich ihm wirklich gerne in die Fresse ...

Aber, nein. Ich will das aber nicht unter einen Hut bringen, meine Brüder müssen das doch auch nicht unter einen Hut bringen, bringen Sie das vielleicht unter einen Hut mit ihrer Scheißpraxis hier, in der ich gerade 2 Stunden meiner wertvollen Zeit verschwendet hab? Ich will eine richtige Mittagspause haben und in mein Büro gehen und ich will außerdem einfach mal sieben Stunden am Stück schlafen.

Aber kurz bevor mich die Wut packt, überwältigt mich die Traurigkeit, weil ich an meine Mutter denke, von der nur noch eine Ahnung übrig ist und ich das Gefühl hab, in einer Falle zu sitzen, aus der ich nicht entkommen kann, bis – den Gedanken jetzt nicht zulassen.

Aber in der man es sich doch auch mit ein bisschen Pragmatismus so einrichten kann, dass man ja gar nicht mehr raus muss aus der Falle, tröstet mich das schlechte Gewissen, diese elende Klette. So schlimm ist das jetzt auch wieder nicht, es geht dir doch ganz gut, du kannst ja immerhin eine Haushaltshilfe bezahlen. Und heute zum Beispiel hast du ja gar nicht angerufen, und dann neulich, da hast du stundenlang in der Stadt nach einem neuen Kleid geschaut und dabei vergessen, dass du dringend ein Nachthemd für die Mutter besorgen solltest.

Und deine Arbeit macht dir ja auch Spaß!, sagst du immer. Und ist doch auch wirklich praktisch mit dem Homeoffice.

Also, das ist hier schon Meckern auf hohem Niveau, meine Liebe, und dann fährst du ja auch in den Urlaub, also dafür kann man dann schon mal nach den Eltern schauen.

Und es sind doch auch schöne, sehr besondere Momente voller Zärtlichkeit, die man da teilt, so eine Nähe hast du dir doch früher immer gewünscht mit deiner Mutter, das sind Erinnerungen, die bleiben dir später. Deine Brüder zum Beispiel haben die nicht, diese Erinnerungen.

Nein, haben sie nicht, das stimmt, aber sie haben mehr Erinnerungen an früher, daran wie sie war bevor die Krankheit ihre Verheerungen anrichtete.

Und sie machen nicht die Erfahrung, dass andere über ihre Körper und ihre Zeit verfügen, sie kennen die Erwartungen nicht, die an die Schwestern und Töchter gestellt werden und auch nicht die Enttäuschung, wenn diese nicht erfüllt werden. Die Erkenntnis, dass sie gar nicht zu erfüllen sind, bleibt ihnen auch verwehrt.

Ihre Arbeit gilt viel eher als Selbstverständlichkeit, ihre Zeit ist unantastbar Während wir Frauen uns mit den täglichen Notwendigkeiten aufhalten, lassen sie sich nicht abhalten von dem, was sie tun wollen.

Aber wir lassen es auch zu, wir lassen uns auch aufhalten, von den Erwartungen der anderen und von unseren eigenen an uns. Von unserem Pflichtgefühl, von unserer Höflichkeit, der Liebe, dem Willen, eine gute Tochter zu sein und nicht zuletzt von unserem eigenen schlechten Gewissen, das treu mit uns in der Falle sitzt.

Und ja, es ist sicher ungerecht, das hier so zu pauschalisieren, weil es auch Männer gibt, die wie wir sind. Ich kenne ein paar.

Aber das Leben ist ungerecht – und zwar in der Mehrheit für uns Frauen.

Bettina Pili, geboren 1970 in Bad Homburg v. d. H., studierte Germanistik und Geschichte. Sie arbeitet seit vielen Jahren für einen großen Theaterverlag in Frankfurt.

Sarah Kugler

»Ich bin privilegiert aufgewachsen« oder »Die paar Klapse haben ja nicht geschadet«

Ich bin privilegiert aufgewachsen. Ohne Armut, mit Zugang zu Büchern, Bildung. Ich habe in einem großen Haus mit Garten und Pool gelebt, in einem eigenen Zimmer. Ich hatte immer saubere Kleidung und ein eigenes Bett.

Ich träume oft davon, dass ich wieder in diesem Bett liege. Diesem Bett unter der Dachschräge mit den angepinnten Engelsbildern über mir. Im Traum kann ich mich oft nicht bewegen. Starr lausche ich nach den Geräuschen vom Flur, den lauten Stimmen von unten, den Schritten auf der Treppe. Dieser Treppe, die niemals barfuß betreten werden durfte. Der Sand unter den Füßen hätte sie zerkratzen können. Dieser Treppe, auf der nur Hausschuhe erlaubt waren. Feste Hausschuhe mit harten Sohlen, in denen man so lautlos gehen musste, wie auf Socken.

Geräusche waren gefährlich. Ein zu lauter Schritt, ein schwungvolles Schließen der Tür, ein zu heftiges

Klappern mit dem Geschirr, ein spontanes Lachen, ein unbedachter Kommentar, verstellte Stimmen beim Spielen. Mit etwas Glück zogen sie unbeachtet wie Wölkchen vorbei. An den meisten Tagen jedoch zogen sie ein Gewitter nach sich. Es gab die leichten Gewitter. Mit Donnerwetter und leicht zuckenden Blitzlichtern. Und es gab die mit Donnerschlag, die mit Blitzeinschlag und Hagel im Gesicht.

Ich bin privilegiert aufgewachsen. Bis auf zwei Ausnahmen hinterließen die Gewitter bei mir nie sichtbare Spuren. Sie blieben ein Geheimnis. Außerhalb des Hauses ungesehen, weggelächelt, Normalität.

Normalität für viele Kinder und Jugendliche. Täglich. Oft unsichtbar für die Außenwelt. Laut der Polizeilichen Kriminalstatistik des Bundeskriminalamtes von Mai 2021 wurden 2020 in Deutschland 4918 Fälle von Misshandlungen Schutzbefohlener gezählt. Das seien 10 Prozent mehr als noch im Vorjahr. Die Dunkelziffer wird wie so oft weitaus höher eingestuft. 152 Kinder sind laut des Berichtes gewaltsam zu Tode gekommen, in 134 Fällen erfolgte ein Tötungsversuch. Zahlen, die man erst mal verdauen muss.

Viele der Opfer haben nicht so viel Glück wie ich: Nicht nur, dass sie deutlich sichtbare Verletzungen erleiden – die in viel zu vielen Fällen trotzdem nicht gesehen werden –, sie wachsen vielleicht auch in Armut auf, haben kein Bett zum Schlafen oder müssen Hunger leiden.

Ich bin privilegiert aufgewachsen, ich musste nie hungern. Bei uns gab es täglich um Punkt 18 Uhr Abendbrot. Der Tisch dafür musste pünktlich gedeckt, das Bier noch pünktlicher kaltgestellt werden.

Disziplin war oberstes Gebot, am Tisch lernten wir Benehmen: Ellenbogen runter, Hände flach auf die Tischplatte, kein Gezappel, kein Schlingen, Bitte und Danke, sitzen bleiben, bis alle fertig sind, Aufstehen ohne Erlaubnis war keine Option. Das Nichtantworten auf Fragen auch nicht, von individuellen Meinungsäußerungen sprechen wir erst gar nicht. Von diesen Regeln profitieren wir bis heute, wir sind gut erzogen, dafür können wir dankbar sein.

Doch es gibt Nebenwirkungen: Bis heute sind Tischsituationen für mich Stresssituationen. Vor allem wenn Kinder dabei sind. Das ständige Abtasten der Regeln, das Scannen der Stimmung. Erhebt jemand seine Stimme, bin meist ich es, die erstarrt, nicht die eigentlichen Kinder.

Ich erstarre auch, wenn ein Konflikt im Raum liegt, sei er auch noch so banal, oder jemand in der Öffentlichkeit seine Kinder zusammenstaucht. Die Erwachsene, die helfen, die agieren möchte, wird handlungsunfähig. Das Kind, der Teenager von damals übernimmt, ist allerdings ebenfalls handlungsunfähig, abhängig von den Eltern, die emotional abwesend waren.

Ich bin privilegiert aufgewachsen. Bis zu meinem dritten Lebensjahr hatte ich Mutter und Vater. Ich war – so wurde es mir erzählt – ein Papakind, vergötterte ihn, wurde vergöttert. Dann kam der Krebs dazwischen. Es blieben meine Schwester sowie eine Mutter, die ihre unglücklichen Kindheitserlebnisse durch eine eigene große Familie heilen wollte und ihre schon damals deutlich werdende Überforderung ignorierte. Schlimmer noch: Sie suchte sich einen Mann, der ihrem Vater in Temperament und Lebenseinstellung viel zu sehr ähnelte.

Der Satz »Euer Vater ist auch streng gewesen«, wurde zum Verteidigungsmantra ihres Wegsehens und der cholerischen Anfälle des neuen Papas. Denn so mussten wir ihn nennen: Papa. Damit die folgenden Kinder nicht verwirrt werden. Kinder, die er nie zeugen wollte, es trotzdem tat und uns alle sein Unglück täglich spüren ließ.

Ich bin privilegiert aufgewachsen. Ich habe früh gelernt, wie man Flaschen zubereitet, Windeln wechselt, Kinder ins Bett bringt, Wäsche wäscht – auch dafür kann ich dankbar sein. Das bisschen Schimpfen und die paar Ohrfeigen nebenbei, das war doch nicht schlimm. Nicht so schlimm, wie die Schläge, die meine Mutter als Kind von ihrem Vater mit dem Latschen auf den Hintern bekam. Die Tränen meiner Geschwister nicht so schlimm wie der kreisrunde Haarausfall, an dem meine Mutter erkrankte, weil ihre Eltern immer stritten.

So argumentieren übrigens auch sogenannte Creator, die auf TikTok und Co. ach so lustige Videos posten, in denen Gewalt an Kindern verharmlost wird. Ein Beispiel: Das Kind ist wütend und ruft aus dem Off der Mutter eine Beleidigung zu, der Vater wirft der Mutter seinen Latschen zu, sie geht, den Latschen zum Ausholen bereit, auf das Kind zu, Cut. Eine gestellte Szene – so hofft man zumindest –, die zum Trend wurde. Mehrere hundert Videos dieser Art existieren auf TikTok. In den Kommentaren tummeln sich Lachsmileys. Kritiker*innen solcher Videos werden hingegen als humorlos beschimpft, das sei doch nur ein Witz, es müsse ja nicht alles immer überdramatisiert werden. Ähnliches müssen sich auch Opfer häuslicher Gewalt anhören, die so mutig sind, in den sozialen Netzwerken von ihren Erlebnissen zu berichten. Sie sollen sich mal nicht so anstellen, ein paar Klapse hätten noch keinem geschadet, das härte ja auch ab. Oder aber das Geschilderte wird runter geredet: Das sei ja alles nicht so schlimm, immerhin sei nicht das und das passiert. Und gar nicht so tief in mir vergraben gibt es eine Stimme, die genauso denkt: So schlimm war das doch alles gar nicht. Das eine Mal Nasenbluten, die eine grüngeschlagene Nase. Sonst war doch nichts. Die Geschwister hat es schlimmer getroffen und andere Kinder werden schließlich richtig verprügelt – oder Schlimmeres. Als seien Misshandlungen ein Wettbewerb.

Ich bin privilegiert aufgewachsen. In einer großen, allesabschirmenden Familienblase. Bei uns wurden Dinge intern geregelt, die Familie stand über allem. Regel Nummer eins: Man sprach offiziell nicht über das, was zu Hause passiert. Das ging ja auch niemanden etwas an. Weder die seltsamen Glaubenssätze über all die »dummen« und »asozialen« Menschen da draußen, die uns sozial unterlegen waren. Nicht die ständigen vernichtenden Kommentare zu unserem Aussehen, den Freunden, den Leistungen; nicht die Psychospielchen, bei denen ein Kind immer mal wieder bevorzugt wurde, während ein anderes wie das letzte Stück Scheiße behandelt wurde. Nicht die Albträume meiner Brüder, aus denen sie Nacht für Nacht weinend aufwachten und so apathisch dabei waren, dass sie sich kaum beruhigen ließen. Nicht die Nächte, in denen die kleinen Geschwister sich zu mir und meiner Schwester ins Bett schlichen, wenn sie nicht schlafen konnten, weil sie sich nicht zu den Eltern trauten.

Auch nicht die eigenen schlaflosen Nächte, in denen man sich fragte, was zur Hölle falsch mit dieser Familie ist, warum die Eltern einen nicht einfach liebhaben können und ob der Sprung aus dem Fenster nicht vielleicht besser sei als all das hier.

Ich bin privilegiert aufgewachsen. Nie musste ich alleine einschlafen. Sobald ich mich einsam fühlte, gesellten sich sofort die Damen Schuld und Scham an meine Seite. Schließlich war ja auch ich irgendwie ein Teil dieses toxischen Familiensystems, das verschleierte, schwieg und verdrängte. Mit einer offensichtlich überforderten Mutter, die abgab, wegsah und nur ihre eigenen Gefühle wichtig nahm. Mit einem Vater, der all seine Frustration auf die Kinder ablud. Und mit mir, die zu allem schwieg und alle immer ermahnte, nur nicht aufzumucken. Die beiden Bettbegleiterinnen sind übrigens in all den Jahren nicht verschwunden – sie sind vielmehr mit mir gewachsen und größer als je zuvor.

Zusätzlich gefüttert von Internettrollen, die laut werdenden Opfern ihre Erlebnisse vollkommen absprechen. Wäre es wirklich so schlimm gewesen, hätte doch jemand etwas merken müssen. Da wäre ja sofort das Jugendamt gekommen, das hätte sich niemals über Jahre so abspielen können. Da wäre man ja auch selbst schuld, wenn man nicht den Mund aufmache.

Man hätte die Verantwortlichen doch anzeigen müssen. Und ich? Ich hätte doch zumindest meinen Geschwistern helfen müssen. Oder nicht?

Ich bin privilegiert aufgewachsen. Ich durfte zu Hause wohnen, bis ich fast 23 Jahre alt war. So hatte ich viel mehr Zeit, das Zuhören zu lernen, elterliche Sorgen aufzufangen und meine eigenen Gefühle zur Seite zu stellen. Das ist bis heute hilfreich, rationales Denken bringt einen so viel besser voran als emotionales. Die Narben auf Bein und Arm? Na ja, irgendwo muss die Wut ja hin, oder nicht?

Ich bin privilegiert aufgewachsen. Mit einer starken Mutter als Vorbild. Als der Krebs erneut dazwischenkam und sich bei ihr einnistete, stellte sie fest, dass sie seit Jahren eine toxische Beziehung geführt hatte. Das wäre jetzt vorbei, sie müsse auch mal an sich denken. Allein mit sieben Kindern zog sie dann aus dem großen Haus aus. Aber es wäre schon schön, wenn ich mir noch keine eigene Wohnung suchen würde, sie bräuchte mich (inklusive Halbwaisenrente) doch noch. Gemeinsam könnten wir das schaffen.

Und wer wird schon nicht gerne gebraucht? Zumindest so lange bis der nächste Mann um die Ecke kommt.

Ich bin privilegiert aufgewachsen. Als weiße Frau ohne Migrationshintergrund und ohne Behinderung, mit der »richtigen« Religion, der »richtigen« Muttersprache. Irgendwo zugehörig gefühlt habe ich mich trotzdem nie. Freunde treffen setzte einen schriftlichen Antrag in dreifacher Ausführung und wochenlange gute Führung voraus, mit nach Hause bringen wollte man eh niemanden. Partys blieben auch zu Studienzeiten ein Fremdwort für mich, Freundschaften oder gar romantische Beziehungen aufzubauen fällt mir bis heute schwer.

Ich lebe ein privilegiertes Leben. In einer eigenen Wohnung, mit genug Geld, um mir Bücher, Essen und ein bequemes Bett zu leisten. Der kleine Zusammenbruch im letzten Jahr, die Schlaflosigkeit bei immerwährender Müdigkeit, die ständigen Albträume – das alles ist nicht weiter tragisch. Ich bin halt ein bisschen überarbeitet, brauche nur mal eine Pause, das wird schon wieder. Depression? Mittelgradig? Na, da gibt es ja auch Schlimmeres, da muss man halt ein bisschen durchatmen und dann wieder ins Agieren kommen. 'Ne traumatische Vergangenheit? Übertreiben muss man es ja nun auch nicht, Probleme haben wir doch alle. Man muss ja auch mal loslassen können. Und verzeihen.

Ihre Stimmen, meine Stimmen? Wer kann das schon unterscheiden? Aber das bisschen Schimpfen, die paar Klapse, die haben mir nun wirklich nicht geschadet.

Ich habe großes Glück: Ich habe ohne jahrelange Wartezeiten eine Therapeutin gefunden. Eine gute noch dazu. Eine, die mich, meine Begleiterinnen und all die inneren Stimmen ernst nimmt.

Eine, der ich so vertraue, dass ich ihr Gedanken mitteile, die ich nicht mal vor mir selbst zugeben möchte. Eine, zu der ich selbst dann gehe, wenn ich am liebsten nirgendwo mehr hingehen würde.

Zuletzt hat sie mich zum Weinen gebracht, weil sie mir sagte, ich könne sie auch in ihrem Urlaub anrufen. Sie meine das ernst, sie wüsste, ich würde es nicht ausnutzen. Selten in meinem Leben habe ich mich so gesehen und angenommen gefühlt.

Ich lebe ein privilegiertes Leben. Mir wird geholfen. Ich werde gehört. Doch was ist mit all denen, die ebenfalls in Gewitterhäusern aufwachsen oder aufgewachsen sind und deren Stimmen im ewigen Donnergrollen einfach untergehen?

Sarah Kugler, geboren 1985 in Berlin, studierte Germanistik und Italienisch sowie »Kulturelle Begegnungsräume der Frühen Neuzeit« in Potsdam und arbeitete dort mehrere Jahre als Redakteurin bei den Potsdamer Neuesten Nachrichten sowie der Märkischen Allgemeinen Zeitung. Zudem bloggt sie als »Uralte Morla« auf YouTube über Literatur.

Anja Lehnertz-Hemberger

Viel(e) mehr

Mein Name ist Anja und ich möchte Ihnen heute von den vielen berichten, die trotzdem nicht genug sind.

Ich bin eine von diesen vielen, doch sind wir lange nicht genug.

Nicht genug, um zum Beispiel von der Politik in unseren Nöten gesehen zu werden, aber doch genug, um uns sagen lassen zu müssen, wie viel gerade Politik schon für uns getan hat.

Politik sagte in Krisenzeiten *Sie und Ihre Berufsgruppe sind systemrelevant* und vergaß, dass systemrelevant bedeutet, sich auch um diese Berufsgruppe zu bemühen. Wir werden nicht mehr verbrannt, sondern gnadenlos verheizt.

Ich bin eine von vielen, die nicht sichtbar wird, weil ich sonst den Anfragen über Kapazitäten nicht mehr gerecht werden würde. Die täglich mehreren Klientinnen eine Absage erteilen muss und immer wieder drauf hinweisen muss, dass wir zwar viele sind, aber dennoch zu wenige.

Ich bin eine von vielen, der die Gesellschaft abverlangt in Würde und mit Respekt ihr Handwerk zu verrichten, dabei aber vergisst, dass ALLE für eine Veränderung aufstehen müssen.

Ich bin eine von vielen, die sich tagtäglich für die Rechte von Frauen einsetzt und dabei selbst Frau ist. Ich kämpfe täglich für die Durchsetzung meiner Rechte im eigenen Leben und im Beruf.

Ich bin eine von vielen, die einen Spagat in manchen Momenten ihres Berufes erlebt und dabei nicht an großen Lebenszweifeln zerbrechen möchte. Das ist häufig eine Herausforderung, besonders, wenn tiefe Liebe und knallharter Verlust aufeinandertreffen.

Ich bin eine von vielen, die tagtäglich mit den Ansprüchen der Klienten, eigenen Ansprüchen und den herrschenden Arbeitsbedingungen ringt. Das Gefühl der Zerrissenheit im Hier und Jetzt ist immer dabei.

Ich bin eine von vielen, die in ihrer Ausbildung Gewalt erlebt hat und die weiter Gewalt im Arbeitsumfeld miterlebt.

Ich bin eine von vielen, die Menschen in ihrem Sein gebrochen hat und zur Mittäterin wurde. Die aber erkennen durfte, dass sie sich gegen diese Gewalt zur Wehr setzen muss. Für die Gesellschaft ist Gewalt in meinem Beruf unvorstellbar und doch zieht sie sich durch meine 27 Jahre Berufserfahrung.

Ich bin eine von vielen, die in Teilbereichen ihrer Arbeit einer spitzen Hierarchie unterliegt. So spitz, dass einige Kolleginnen den Wunden erliegen und aus dem Beruf aussteigen.

Ich bin eine von vielen, die sich neue Kompetenzbereiche erarbeitet und gleichzeitig um die originären Arbeitsbereiche bangt. Die beschimpft wird, Dienerin des Systems zu sein, weil ich mit meiner Erfahrung nicht jeden Wunsch einer Frau erfüllen kann, ohne dabei die medizinischen Konsequenzen abzuwägen. Dabei diene ich Familien mit meinem erworbenen Fachwissen, Empathie und Intuition.

Ich bin eine von vielen, die nach Jahren guter Arbeit den akademischen Weg einschlägt und sich dabei öfters fragt, was zählt eigentlich noch meine Erfahrung in all der Wissenschaft.

Ich bin eine von vielen, die auf der Suche sind nach dem verlorenen Wissen aus vergangenen Tagen.

Ich bin eine von vielen, die sich mit Qualitätsmanagement und Abrechnungszentralen nach einem aufwühlenden Arbeitstag rumschlägt. Die sich über drei Cent Gebührenerhöhung freuen soll und dabei noch dankbar sein muss, dass Punkte in der Betreuung der Familien aus dem Gebührenkatalog nicht gestrichen werden.

Ich bin eine von vielen, die ihren Beruf mit Leidenschaft ausübt, Ihn als Berufung wahrnimmt. Der all die widrigen Umstände zwar zusetzen, aber die für die Gesunderhaltung der Gesellschaft das alles in Kauf nimmt. Die auf Demos geht, Petitionen unterschreibt, sich in den Medien auflehnt und unausgesprochene Dinge ausspricht. Die genau dafür selbst im eigenen Berufsfeld Kritik erfährt.

Ich bin eine von vielen, die applaudiert, wenn es gut gelaufen ist und Tränen vergießt, wenn der Tod die Gegenwart erreicht.

Ich bin eine von vielen, die mit Freude Geschichten, die das Leben schreibt, teilt. Die beobachtet, ohne einzugreifen. Die die Stärke einer Frau sieht, wenn diese es noch nicht vermag. Die atemlose Momente erleben darf. Die am Ursprung des Lebens arbeitet und somit zur Stärkung der Gesellschaft beiträgt, wenn die Politik uns denn endlich gebührend wahrnehmen würde.

Ich bin von Beruf Hebamme.

Ich bin eine von vielen Hebammen, die ihrem Beruf mit Liebe und Leidenschaft nachgehen.

Und ich bin eine von vielen, die mit Scham erzogen wurden. Der vorenthalten wurde, wie stark –
Frausein – sein kann.

Ich bin eine von vielen, die als Mädchen Dinge erleben musste, die von der Gesellschaft akzeptiert wurden, obwohl sie falsch waren. Die noch die Wucht eines Schlages mit dem Rührlöffel kennt.

Ich bin eine von vielen, der in diesen Momenten ihre Mündigkeit aberkannt wurde und die das brave Mädchen sein sollte.

Ich bin eine von vielen, die Dinge verändert hat, weil ich ahnte, dass sich etwas ändern musste. Die sich auflehnte gegen das System und dessen verkorkste Wertevorstellungen.

Ich bin eine von vielen, die dachte, Liebe und Schläge gehörten zusammen und die dabei ihr Selbstwertgefühl verlor. Ich wurde lange Zeit fremdbestimmt.

Ich bin eine von vielen, die sich aus genau diesem Sog befreien konnte und heute erleben darf, dass Respekt und Liebe die Attribute sind, die zusammengehören.

Ich bin eine von vielen, die sich für ihr Reproduktionsverhalten rechtfertigen musste. Die um Entscheidungen kämpfen musste. Der die Medizin meinte die Selbstbestimmung aberkennen zu wollen und mich zur Risikogebärenden einstufte. Die von mir benannte Grenzen nicht einhielt. Dabei vergaß Medizin, dass es mein Körper ist, den sie formen wollten.

Ich bin eine von vielen, die ihre Zukunft zweimal beerdigen musste und dafür Stigmatisierung erfuhr. Die heute Frauen in diesem Thema unterstützt und aufklärt.

Ich bin eine von vielen, die in der Öffentlichkeit ihr Kind mit dem Körperteil, das dafür vorgesehen ist, ernährte und dafür unmögliche Reaktionen der Gesellschaft erhielt. Die sich gegen die Sexualisierung der Brust und des Stillens auflehnt.

Ich bin eine von vielen, die versucht allen Ansprüchen gerecht zu werden, ohne sich selbst dabei zu verlieren.

Ich bin eine von vielen, die Zweifel einen Raum gibt und sich freut über Lebenswegbegleiterinnen, die es immer wieder schaffen den Nebel zu vertreiben.

Ich bin eine von vielen, die sich regelmäßig feiert für ihre Worte und Taten. Die in den Spiegel schaut und vor Stolz platzt über geleistete Veränderung.

Ich bin eine von vielen, die Geheimnisse in sich trägt, die nur wenige kennen.

Ich bin eine von vielen, die die Weiblichkeit für sich entdecken durfte, die an die große Schwesternschaft glaubt, die ebenso auf Demos geht, Petitionen unterschreibt, sich in den Medien auflehnt und Missstände aufzeigt.

Ich bin eine von vielen, die im Rückblick viele prägende Dinge erlebt hat. Die ihren Töchtern einen anderen Start ins Frausein ermöglichen möchte. Die den großen Ahninnen der Familie ihren Platz im Universum gibt.

Ich bin eine von vielen starken Frauen, die um das Frausein in seiner Vielfältigkeit kämpfen und Veränderungen bewirken wollen.

Ich bin Anja, Frau und Mutter von 6 Kindern, 2 Sternenkindern und Oma. Ich schwinge keine großen Reden, doch versuche ich unausgesprochene Dinge in Worte zu fassen. Ich wurde missbraucht und geschlagen und doch habe ich wieder in die Kraft zu mir selbst gefunden. Stark verbunden mit den Elementen und der Weiblichkeit. Ich bin nur eine von vielen, doch sind wir gemeinsam viel(e) mehr.

Anja Lehnertz-Hemberger, geboren 1975 in Trier, arbeitet als Hebamme (B. Sc.), studiert derzeit im Master, Geburtsaktivistin, Autorin und Visionärin, schreibt Texte über Momente, die sie berühren, bekannt durch ihre Dokumentationen im Fernsehen.

Eva Roth

Muttersein und Mutterschaft

Mütter in der Literatur, im Theater und im echten Leben sind oft Statistinnen im Drama von jemand anderem. Oder sie sind das Problem, an denen sich eine Hauptfigur abarbeitet.

Die Darstellung von Müttern bleibt schematisch, und es wird kaum unterschieden zwischen dem Muttersein – was frau ja in der Regel will, wenn sie sich für ein Kind entscheidet – und der Mutterschaft, die vor allem ein gesellschaftlicher Anspruch ist.

Ich wünsche mir, dass komplexere Mutterfiguren sichtbar sind. Ich wünsche mir die Anerkennung der Mutterschaft als Aufgabe, die ein Mensch allein kaum erfüllen kann.

Ich wünsche mir auch die Anerkennung, dass wir Mütter auf Feld null zurückrutschen, wenn wir Kinder bekommen.

Immer noch.

Unsere Mutterschaft wird zum öffentlichen Gut –

und wir im besten Fall zu guten Müttern, die den Großteil der Care-Arbeit in Familien übernehmen.

Unsere Mutterschaft drapieren wir möglichst so um die Erwerbsarbeit herum, dass man sie nicht bemerkt.

Wir kämpfen darum, nicht auszubrennen.

Wir würden uns dafür schämen, nicht alles unter einen Hut gebracht zu haben. Frau zu sein, wird prekärer, wenn Mutterschaft hinzukommt.

Warum kämpfen wir nicht darum, nicht ausbrennen zu müssen?

Ich war 22, als ich zum ersten Mal Mutter wurde. Ich wollte Mutter sein. Aber ich merkte, dass ich mit wachsendem Bauch zur Verkörperung der Mutterschaft wurde.

Ich fragte mich manchmal, wie lange so eine Mutterschaft dauert.

Jetzt ist das Kind erwachsen, aber denken Sie mal daran, was alles schiefgehen könnte, bis ein Kind groß ist. Und wenn etwas schiefgeht, was soll ich dann machen?

Wie werde ich als Mutter angeschaut, wenn etwas mit dem Kind ist?

Stellen Sie sich vor, dass etwas akut mit Ihrem Kind los ist, eine Krankheit, Drogen, ein Suizidversuch, Anorexie, Gefängnis, oder es ist einfach verschwunden und meldet sich nicht. Etwas ist immer.

Wenn mit dem Kind etwas ist, MÜSSEN Sie etwas tun, was wären Sie denn sonst für eine Mutter?

Krankmelden können Sie sich nicht, weil Sie sich ja auch um die Arbeit kümmern müssen.

Sie sind ja gar nicht krank, Sie sind ja nie krank, und Sie können ohnehin nicht den Nutzen aus einer Krankheit ziehen, weil Sie nicht wissen, wie lange das alles dauern könnte. Da können Sie nicht aufs Geratewohl aussteigen. Hinzu kommt:

Wenn Sie zur Arbeit gehen, denken Sie an etwas anderes. Das ist gut.

Dass Sie Ihr Privatleben so gut vom Erwerbsleben trennen können, wird geschätzt.

Auf der Arbeit sind Sie ein Mensch und nicht die Verkörperung einer Verpflichtung.

Mit Ihrem Kind ist aber etwas, und Sie sind die Mutter, möglicherweise sind Sie sogar schuld am Problem, denn oft sollen ja die Mütter schuld sein.

Auf jeden Fall müssen Sie jetzt etwas tun.

Am besten trinken Sie ein Glas Wasser und reißen sich zusammen, bevor jemand auf die Idee kommt, Sie hysterisch zu nennen.

Aber der Durst ist nicht in Ihrer Kehle, da können Sie noch so viel Wasser trinken.

Der Durst ist weiter unten, hier, der brennt unter Ihrer, Sie wissen schon, Mutterbrust.

Weil Sie das Kind doch lieben und weil Sie sich kümmern WOLLEN. Ausharren ist anstrengend.

Sie müssen etwas tun.

Sie legen sich plötzlich schreiend auf den Boden, weil Ihre Nerven nicht mehr mitmachen, und jemand organisiert eine Beruhigungsspritze, damit wieder Ruhe ist.

Ruhe in Ihnen drin, und Ruhe rundherum, während Sie weg sind. Zur Erholung.

Ich erzähle nicht weiter, dass Sie Erholung brauchen. Die meisten schaffen es ja ohne, wie man hört. Sie aber kommen zur Erholung ins Mamiland.

Keine Angst, Sie kommen da auch wieder raus, dafür sorge ich mit meiner Rede.

Mütterliche Güte ist ein uferloses Meer, unendliche Tiefe. Das können Sie googeln.

Uferlos unendlich.

Im Mamiland massiert Ihnen die Muttergottes selbst die Füße, und der Himmel über Mamiland wird gestützt von Atlas, dem väterlichen Prinzip. Jemand muss ja für den Himmel sorgen!

Die Muttergottes heißt Maria und ist heute für Sie da.

Sie versorgt Sie mit warmen Tüchern und Wein und Kirschkuchen, denn Sie sollen jetzt mal ein bisschen ausspannen.

Sie müssen sich erholen.

Es ist Ihre Pflicht, sich zu erholen, damit Sie schnell wieder am Start sind, denn es ist ja etwas mit Ihrem Kind, und Sie sind und bleiben zuständig.

Maria sagt, entspann dich, entspann dich,

du bekommst hier zweimal täglich eine warme Mahlzeit. Und sie sagt, sie sei auch die Mutter der Geduld.

Sie lässt sich nicht fragen, ob sie auch einmal eine Pause braucht, sie ist ja eine Göttin und kann das alles allein bewältigen mit ihrer unendlichen Liebe und Güte.

Sie wären gern wie Mutter Maria.

Meine Mutterschaft hat angefangen, als ich schwanger geworden bin.

Da hat man mir gesagt, Millionen Frauen vor mir waren auch schon mal schwanger.

Ist das beruhigend gemeint oder die Aufforderung, mich einzuordnen in eine jahrhundertalte Rolle?

Dann kam der Mutterschutz, der sagte, dass ich nicht arbeiten sollte, oder nur zu Hause, denn da sieht es niemand.

Und dann sollte ich wieder die Erwerbsarbeit aufnehmen, aber nicht zu viel, und ich hörte die unausgesprochene Frage hinter einer gerunzelten Stirn:

Wofür haben Sie denn ein Kind, wenn Sie keine Zeit dafür haben?

Aber arbeiten Sie bloß nicht zu wenig, sonst liegen Sie der Gesellschaft auf der Tasche.

Wir wollen jetzt mal etwas von der Muttergottes wissen: Warum fühlt sich Mutterschaft so unmündig an?

Und Maria sagt, während sie uns eine Decke um die Schultern legt:

Die Unmündigkeit liegt darin, dass du die Grenzen nicht selbst bestimmen kannst. Das ist halt so.

Aber wir wissen, dass es eine Grenze der Aufopferung gibt, und wir kennen auch das gute Leben und wollen gern gute Mütter in einem guten Leben sein.

Außerdem sind wir im Gegensatz zur Mutter Maria nicht unsterblich. Maria, fragen wir, warum sind eigentlich im Märchen nur die toten Mütter gute Mütter? Die liebe, gute, tote Mutter von Aschenputtel, die tote Mutter der Goldmarie, die toten Mütter von Schneewittchen und Hänsel und Gretel?

Und dann kommen im Märchen die Stiefmütter und bedrohen die Töchter mit dem Tod, und zur Strafe sterben sie dann selbst auf grausame Art. Was bedeutet das, Göttin von Mamiland?

Was sind das für Aussichten für Mütter?

Wie sollen sich die Mütter gegenseitig in die Augen schauen? Hat sich seit der Zeit der Märchen nichts geändert?

Na, na, versucht die Muttergottes Sie zu beruhigen.

Ihnen aber wird vor Beklemmung so kalt, dass Sie meinen, Sie müssten auf der Stelle sterben. Kältetod.

Sie fragen, ob das ein gutes Zeichen sei.

Jetzt wird die Göttin zum ersten Mal ein wenig böse, und sie sagt, mach es doch wie das Krokodil, wenn dir das hier nicht genug ist. Such dir eine warme Stelle im Sand, leg deine Eier hinein und überlass das Brüten der Sonne.

Aber beklag dich dann nicht bei mir, wenn etwas schiefgeht mit den Kindern.

Nicht mal auf die Muttergottes ist Verlass. Und Atlas?
Hat den eigentlich mal jemand gefragt, ob er seinen Job mag? Sie kitzeln ihn an den Füßen, das hat hier noch niemand gewagt. Mutter Maria versucht sich dazwischenzuwerfen,
aber Atlas kichert und schwankt und fällt.

Und der Himmel? Jetzt, wo Atlas ihn nicht mehr trägt?
Der Himmel spannt sich weit über Mamiland – und noch weiter. Nichts passiert.

Die Muttergottes ist müde, und Sie dürfen nach Hause.
Altas fragt, was mit dem Kind sei,
und er könne sich jetzt auch kümmern,
er habe schon immer etwas mütterlicher sein wollen beim Vatersein, und jetzt habe er endlich die Hände frei. Und Sie merken, dass Muttersein und Vatersein gut ist, wenn sich das auf viele verteilt.
Selbst wenn mit dem Kind etwas ist.

Dem Kind wünschen Sie und Atlas,
dass das Mamiland jeden Tag für alle geöffnet ist.
Und wir wünschen insbesondere unseren Töchtern, dass sie – wenn sie das wollen – Mütter sein können, ohne auf die Mutterschaft reduziert zu werden.

Eva Roth, geboren 1974 in Herisau, schreibt Bücher und Theaterstücke für Kinder und Erwachsene. Daneben ist sie Lektorin in einem Bilderbuchverlag. Sie lebt mit ihrer Familie in Zürich.

Chrizzi Heinen

Rede der schlafenden Mutter

Überinformation, Übermaß, Übersättigung, das ständige Schauen und Glotzen. Eine Sache von allen Seiten betrachten? Ich habe mich bewusst abgeschaltet, ich schlafe. Halte nach nichts mehr Ausschau, bewahre meine Perspektive und werde dabei nicht gesehen.

Ich bin die schlafende Mutter.

Dass ich mich berieseln lasse, werfen die anderen mir vor. Dass ich selbst zu so etwas wie einem Polstermöbel geworden bin und bloß passiv daliege.

»Dem Schlaf muss ein Ende gesetzt werden«, sagen sie und versuchen, mich wachzurütteln.

»Mutter, wach auf, wach auf, Mutter!«

Sie stehen da und wollen meinen Schlaf von irgendeinem Wachsein trennen.

Doch wie wollen sie mir beweisen, dass sie wirklich wach sind?

Der Schlaf ist kein passiver Zustand. Er wird unterschätzt, das hat er mit uns Frauen gemein. Doch Passivität kommt von Passion, wenn man ihr folgt, dann fallen einem irgendwann die besten Dinge zu. Schlafen aus Passion ist harte Arbeit. Und ich habe mich darin professionalisiert.

In den flachen Schlafphasen spüre ich das Sofa auf dem ich liege, nehme die Umgebung wahr, das helle Geräusch der Gardinenröllchen, wenn meine Nachbarn bei geöffnetem Fenster ihre Vorhänge am Morgen aufziehen. Auch was draußen auf der Straße vor sich geht, höre ich. Die Müllabfuhr, das Geräusch, wenn die Tonnen in den Bauch der Müllwagen entleert werden. Bratengerüche, die aus dem Treppenhaus in die Wohnung ziehen.

Später kommt mein Sohn mit seinen Freunden von der Schule heim.
»Schläft sie, oder tut sie nur so«, fragen die Jungens und veranstalteten Mutproben, sie halten mir die Nase zu bis ich meinen Mund öffne und nichts sage. Dann reichen sie eine Packung Jaffa Cakes rum und gehen rüber ins Kinderzimmer, lassen die angebissenen Jaffa Cakes auf der Armlehne des Sofas liegen, direkt neben meinem Kopf. Sonnenstrahlen knallen

durchs Fenster auf das Gebäck, die Kuvertüre beginnt zu schmelzen. Der Geruch von Schokolade und Orange strömt in meine Nase und stört meinen Traum, unter den die unbekannte Regisseurin eine zarte Tonfolge einer Mundharmonika gelegt hat, und dann kehrt in mein Bewusstsein, dass es sich bei der Melodie bloß um das Klingeln des Handys meines Sohnes handelt, das aus dem Kinderzimmer hinter der Wand tönt.

EINE EWIG SCHLAFENDE MUTTER?, FRAGEN SIE NUN. DAS GEHT DOCH NICHT, SAGEN SIE UND ICH ANTWORTE: SIE HABEN BLOSS ANGST VOR KONTROLLVERLUST. MEIN SOHN MACHT SICH GUT. ER IST VIEL SELBSTÄNDIGER GEWORDEN, SEIT ICH SCHLAFE.

Ich habe meinen Schlaf zum Beruf gemacht. Seit ein paar Jahren arbeite ich selbständig auf dem Sofa. Meine Träume werden protokolliert. Ich dokumentiere das Verhältnis von mir zur Welt, durch den Traum. Bildgebende Mittel färben die Eiweiße der Hirnzellen im Frontallappen. Darin befindet sich die Scheidewand, die das Lustzentrum vom Frustzentrum trennt: Hier liegt die ganze Wahrheit, der Traum, der aus diesen Nervenzellen durch die Kopfhaut hindurch über Drähte an wacklige Griffel geleitet wird, die die Geschehnisse schließlich als lesbare Muster auf Papier zeichnen. Auf Recyclingpapier, das von einer dicken Rolle aus der Wand kommt. Alle paar Monate sind wieder einige Rollen vollgeschrieben, eine Speditionsfirma kümmert sich um den Transport der Traumrollen ins Archiv der Gegenwart, wo sie für Interessenten aufbewahrt werden.

Der Traum kennt keine Begriffe, keine gewöhnlichen Hierarchien. Manchmal bin ich eine Pflanze, ein Pilz, eine dunkelbraune Bakterie in dem Rotz eines kranken Esels, oder irgendein Mann.

Manchmal arbeite ich auch für Streamingdienste. Sie nutzen meine Träume für neue Serien und Filme, sie bezahlen gut. Die Träume eines Tages ergeben etwa zwei Episoden à 25 Minuten. Ich schlafe und träume, sie empfangen den stream of consciousness auf ihren Bildschirmen. Es ist nicht immer ganz einfach, ich darf die Anschlüsse der einzelnen Episoden nicht verpassen, von Schlafphase zu Schlafphase, von Traum zu Traum, die Übergänge müssen sauber bleiben.

Auch sollte ich darauf achtgeben, dass die Umgebungslaute und Gerüche nicht zu stark in das Traumgeschehen eingreifen, sonst werden es Kinderfilme oder Filme über Kinder, und das schmälert mein Gehalt.

Einmal im Monat gebe ich Seminare für Frauen, die ihrem ewigen Schlaf einen Anfang setzen möchten. Es geht um die radikale Umkehrung der Erschöpfungszustände. Alle Frauen in mir sind müde.

Ich fungiere als stille Tutorin, als Schlafmentorin in einem eingeschworenen Kollektiv von vier oder fünf sich unbekannten Frauen. Nachdem sie sich ihr Lager auf Isomatten um mein Sofa gebaut haben, schlafen sie ein, ich bin die Hüterin ihres Schlafs. Manchmal schlafen die Frauen ganze zwei Tage lang.

Sobald alle die erste REM-Phase überwunden haben, treffen wir uns in kurzen Traumsequenzen und nehmen Anteil an der Wirklichkeit jeder einzelnen Frau.

Die Wünsche und Forderungen aller werden zueinander in Resonanz gesetzt. Dieser Hergang ist nicht künstlich, Bedürfnisse von Menschen sind immer schon da gewesen. Wenn die erste Katharsis vorüber ist, zimmern wir aus herumliegenden Bambushölzern kleine Leitern, mit denen wir in die Höhe klettern und hinwegschauen über althergebrachte Leinwände, gemeinsam sehen wir, was noch kommt und können vernünftige Berechnungen für die Zukunft anstellen.

Der geteilte Traum von vier Frauen, er wäre auch mit 40 000 Frauen möglich. Das verbindende Gefühl legt sich wie heißer Wachs um unsere schlafenden Körper, in tiefer Entspannung.

Das sind die Gruppenseminare.

In den Einzelschlafsessions geht es ums radikale Enthüllen. Diese eignen sich für Frauen, die zu stark kaschieren und jemanden brauchen, der sie auf ihren Albtraumreisen begleitet: Manchmal laufe ich stundenlang mit einer Frau durch ein Meer von Tüchern im Waschsalon ihrer Seele, alle Waschmaschinen sind defekt und von der Decke quillt das Textil. In Windeseile reiße ich alle Tücher ab, grabe mich durch ihre Stoffhüllen, entferne Schicht um Schicht. Und was am Ende von ihr bleibt, ist ein Kiesel, ein kleiner Stein, und bevor die Frau als Stein in Tränen ausbricht, weil sie ihren eigenen Anblick nicht ertragen kann, hebe ich sie auf, benetze ihre Oberfläche mit etwas Olivenöl, halte sie gegen die Sonne, dass sie silbrig glänzt und sage: Jaja, es ist nur ein Kiesel, aber ein sehr schöner.

Die Einsicht über die Kieselexistenz ist dann auch im Wachzustand erträglich.

Im Leben geht es um das Verhältnis von Traum und Entschleierung. Ich bin die schlafende Mutter, die Di-

plomatin des Schlafs. Ich halte nach nichts mehr Aus-
schau, meine Gedanken überkommen mich sowieso.
Ich schlafe, um wachsam zu bleiben.
Mein Leben ist der Schlaf und vice versa.
Werden auch Sie zur Schläferin.

Chrizzi Heinen, geboren in Köln, promovierte mit
einer musikanthropologischen Arbeit über experi-
mentelle Soundkulturen und arbeitet als Künstlerin
und Autorin von Erzählprosa und Hörspielen. In ihren
Werken bleibt sie auf der Suche nach dem Boden-
ständigen im Abseitigen und dem Magischen im
Realen.

Sandra Hambrügge-Kossendey

Betrogene Kindheit – Warum ich sofort erwachsen sein musste

Es ist dunkel um mich herum. Ich rutsche mit dem Rücken die schwere Holztür runter bis mein Körper den Fußboden erreicht. Meine Augen gewöhnen sich an die Dunkelheit und ich sehe den Lichtspalt unter der Tür links vor mir. Im Rückblick nenne ich diesen Raum die Diele zur Hölle. Ein Vorzimmer, in dem ich Angst habe, was auf mich zukommt. Eigentlich wusste ich es. Obwohl ich so jung war, kannte ich diesen »Vorgang«. Du gehst da jetzt rein, egal wie müde du bist. Reiß dich zusammen, du möchtest deine Mutter nicht enttäuschen und du möchtest wieder in dein warmes Bett, aus dem dich deine Mutter gerade noch herausgezogen hat und die Bettdecke über dich ziehen.

Auf der Autofahrt saß ich stumm neben meiner Mutter. Okay, als ich sechs Jahre alt war, saß ich noch hinten. In dem Alter setzt man kein Kind nach vorne, das war auch schon Mitte der 70er Jahre so. Manchmal weinte ich da schon. *Nein bitte Mutti, ich will das nicht, ich kann das nicht. Ich möchte Vati da nicht wieder rausholen.* Du machst das, auf dich hört er, sagte meine Mutter dann immer zu mir. Dabei hörte er auch nicht auf mich. So sehr ich auch flehte, ich musste so oft in diese Kneipe gehen und unter großen Ängsten ihn dort rausholen. Gebetet, ja was habe ich gebetet. *Bitte lieber Gott, wenn es dich gibt, dann hilf mir doch. Was hab ich denn Böses getan, dass du mich so strafst?*

Nun machte ich die Flurtür auf, es wurde hell und beißender Zigarettenrauch trat mir entgegen. Männer in Hornbrillen saßen an der Theke. Die Stühle im Gastraum waren gedrechselt. Ich schaute sie immer an, um ja nicht einem der Männer in die Augen zu schauen.

Am Knick der Theke hing ein ausgestopfter Fuchs an der Wand. Irgendjemand hatte ihm eine dicke schwarze Hornbrille aufgesetzt. Er schaute nach draußen und da wollte ich auch immer hin. Bloß weg hier, raus aus der Nummer, für die ich überhaupt nichts konnte. Ich war nicht alkoholabhängig. Ich wusste auch damals gar nicht, was mein Vater hatte. Es wurde nie darüber geredet, immer nur geschwiegen.

Aber ich musste meinen Auftrag erfüllen. Jetzt bloß nicht versagen!

Na, schickt dich die Alte?, fragte er. Ich bettelte: *Bitte Vati komm nach Hause, Mutti schimpft doch schon.* Grinsend, wackelig, stinkend nach Alkohol schaute er mich an. Er sah mich gar nicht richtig. Oh, wie hasste ich diesen Blick. *Machste noch mal ein Rezept?* Und dann brachte der Kneipeninhaber tatsächlich noch mal einen Schnaps und ein Bier. Haben die Ängste eines Kindes über all die Jahre, in denen ich in dieser Kneipe aufgetaucht bin, dein erden Herz nicht gerührt, frage ich mich im Nachhinein noch oft.

Aber, es gab auch gute Abende. Da kam er sofort mit und bezahlte schnell. Im Nachhinein weiß ich gar nicht, vor wem ich mehr Angst hatte. Vor meinem Vati oder meiner schlagenden Mutti. Denn wenn ich wieder nach draußen zu ihr ans Auto kam und sagte *Lass uns fahren, der kommt nicht, ich will heim*, regnete es Backpfeifen. Besonders entwürdigend war es, wenn ich vor der Kneipe stand, sie zuschlug, ich dann weinte und sie mich ankeifte: *Reiß dich zusammen* und *Hör auf zu weinen. Geh da rein*, ihre Stimme bedrohlich. Ich hielt mir die Wangen und kniete mich hin.

Später las ich, dass Gesichtsschläge entwürdigender sind als Schläge auf den Po. Vor allem war es erniedrigend, wenn sie schrie: *Nimm die Brille ab!* Dann nahm ich sie oft nicht ab vor Angst. Es brannte immer furchtbar, wenn sie zuschlug. Es tat nicht nur im Gesicht weh, sondern auch im Herzen. Unwürdig zu sein, keinen Wert und immer versagt zu haben, meinen Vati nicht vom Alkohol trinken abzuhalten, das waren meine Gedanken in meiner Kindheit. Und wertloser zu sein als eine Brille. Mein Gesicht. Meine Gefühle bedeuteten nichts, egal wie jung ich war. Ich war nichts.

Also ging ich wieder rein. Ich machte diese riesige Holztür hinter mir zu und atmete. Ich wollte sterben, das halte ich nicht aus. Wie lange dauert das noch? Ich bin doch zu nichts gut. Und dann wartete ich eine ganze Zeit lang bis die Wangen nicht mehr so brannten und ging wieder an den Männern und dem Fuchs mit der Brille vorbei und bettelte weiter bis er dann endlich aufstand.

So vergingen meine Wochenenden in den 70ern und bis Ende der 80er. Wenn andere Kinder nachts in ihren Betten schliefen und an den nächsten Schultag dachten, musste ich auch Sonntagnachts los. Von Montag bis Donnerstag war dann zwar Ruhe, aber in dieser Zeit habe ich dafür alles, was ich fand an Lebensmitteln, in mich reingefressen.

Durch den Alkoholismus meines Vaters war unser Geld sehr knapp. Oft verlor er seinen Arbeitsplatz, da er montags grundsätzlich zu spät kam. Auch mein Flehen und die Anrufe meiner Mutter von ihrer Dienststelle brachten nichts, er blieb liegen und ich musste zur Schule. Die Hausraten sind meinen Eltern um die Ohren geflogen, er baute betrunken Unfälle, zerpflügte Felder betrunken hinterm Steuer.

Immer neue Kosten kamen auf uns zu. Urlaub, Wünsche – nein, die gab es nicht.

Im ersten Schuljahr war ich jeden Nachmittag noch bei einer anderen Mutter. Aber nach einem Jahr war auch hier alles zu Ende, weil kein Geld da war. So blieb ich ab meinem siebten Lebensjahr allein zu Hause, bis auf einige Montagnachmittage, wo meine Omi kam. Ich nahm so schnell zu, dass ich nun auch in der Schule gehänselt und geschlagen wurde. Erst von größeren Mitschülern, später dann von einer Mädchengang. Noch heute habe ich sichtbare Zeichen an meinem Zeh, wie sie mir mit einem Pfennigabsatz drauftrat. Es waren höllische Schmerzen und der Zeh war blau. Aber ich sagte nichts.

Weder zu Hause noch in der Schule.

Ich war eine Versagerin, die nicht in der Lage war, auf ihren Vati aufzupassen. Wer hörte da schon zu? Als wir Ende der 70er ein Telefon hatten, kamen freitags Anrufe meiner Mutter: *Ist er schon da, hat er sich einen Bierkasten gekauft? Geh in die Garage und schau nach, dass er nicht jetzt schon wieder was trinkt, du weißt ja was dann passiert.* Meist stand er dann schon schwankend da und hielt eine ein Liter Bierflasche nach der anderen in der Hand.

Was habe ich diesen Anblick gehasst. Einmal habe ich einen Stock genommen und alle Bierflaschen kaputt geschlagen. Ich habe stundenlang in Wut darauf eingeschlagen. Gesagt hat er dazu nie was. *Vati trink doch bitte nicht wieder so.* Er trank weiter. Jedes Wochenende. So machte er mir auch jedes Weihnachtsfest kaputt. Ich sang im Kinderchor. Die tröstenden Lieder gaben mir Halt und ließen mich meinen eigenen Schmerz und Kummer vergessen. Manchmal weinte ich leise bei den Liedern, aber fröhlich und freihändig bin ich immer nach Hause geradelt.

Nur nicht Weihnachten. Dann kam er schon betrunken in die Kirche. Ich roch seine Alkoholfahne bis zu mir. *Guck mal dein Vater, der ist ja betrunken.* Schamrot wäre ich in den Erdboden versunken, wenn ich gekonnt hätte. Wir fuhren nach dem Gottesdienst zu meiner Omi. Dort wurden ihm über den Heiligen Abend die Bierflaschen eingeteilt. Ich konnte mich über meine Geschenke nicht freuen. Wunschzettel schrieb ich nie, wozu auch? Für mich war Weihnachten die Hölle. Mit sechs Jahren bekam ich einen Teddy geschenkt, der brummte, wenn man ihn hinlegte. Ich konnte es nicht ertragen. Er brummte nicht schön, es hörte sich an wie ein Wimmern. Ich hielt ihn immer so, dass er bloß nicht anfing zu brummen. Weinen konnte ich nicht aushalten.

Und ich weinte an Weihnachtstagen mehr als an normalen Wochenenden. Er schrie, meine Mutter schrie zurück und ich stellte mich dazwischen. Ich wollte vermitteln, wollte helfen und wollte es endlich beenden. Sie beachteten mich gar nicht. Sie stritten einfach weiter. dann schmiss er den Glasaschenbecher auf die Fließen. Jahrelang schaute ich auf diese Stelle.

Ich kam auf die Hauptschule. Wo gingen solche Kinder wie ich denn auch sonst hin. Ich hatte keine guten Noten.

Zu den Schlägen kamen dann die Worte: *Du bist so dumm du Dölmer, was soll aus dir schon werden. Das kannst du nicht, dafür bist du zu blöd. Du kannst nichts, du bist nichts.*

Bis zu meinem 10. Lebensjahr wollte ich eigentlich nur sterben. Die Alkoholsucht meines Vaters zerstörte mein Leben und mein Urvertrauen. Das ist mir bis heute abhandengekommen.

Auf der weiterführenden Schule fing ich an, mich zu wehren. Ich schlug zurück. Ich wusste, dass ich um mein Überleben kämpfen musste. Nicht aufgeben, weitermachen, egal wie weh es tut. Du willst hier raus!

Ich entwickelte aus dieser Notlage eine unglaubliche Stärke, einen Lebenswillen zum Überleben. Ich lernte ab dem siebten Schuljahr wie verrückt. Ich wollte gute Noten haben und ich nahm über 20 Kilo ab in einer Kinderkur, trotz der Alkoholnächte und der Gewalt. Mit 15 machte ich ein Praktikum und fand meinen Traumberuf und wollte unbedingt so schnell wie möglich von zu Hause raus kommen. Ihr bekommt mich nicht klein! Ihr nicht! Ich wurde unglaublich willensstark.

Deswegen konnte ich auch irgendwann aus der Schockstarre raus und lachen – so tun, als ob alles in Ordnung wäre, als mein Vati mal wieder bis zum Stillstand der Pupillen trank, auf meiner Konfirmation und mir dadurch alles kaputt machte. Er wollte wieder in eine Kneipe nachts und randalierte im Partykeller, schloss sich ein, als die Gäste am Montag zur Nachfeier kamen. Ich bollerte gegen die Kellertür und trat sie ein und schrie mit 14 Jahren meinen Vater zusammen, dass er mir doch wenigstens meine Konfirmation gönnen könnte.

Nikolaustag 1989 früh morgens bin ich geflüchtet, nur mit dem, was ich anhatte. Als ich es meiner Mutter sagte, schlug sie mich und ich schlug das erste Mal zurück. Ich schrie sie an, dass ich sie zusammenschlagen würde, wenn sie nicht endlich aufhöre mich zu schlagen. Danach ging ich zur Arbeit und abends in die neue Wohnung. Ohne Wäsche, ohne Möbel, ohne irgendwas, aber ich war frei!

Es macht mich ungehalten, wenn ich mitbekomme, was Kinder von Alkoholikern erleiden und erlitten haben. Die Kindheit ist die wichtigste Phase in einem Leben. Kindern von Alkoholkranken fehlt etwas: Urvertrauen, Geborgenheit und vor allem ein Stück heile Kindheit.

Wir tragen den Alkohol sinnbildlich immer mit uns – oft können sich Kinder aus diesen Familien nicht entwickeln, lernen, Schulabschlüsse machen, studieren – weil ihre ganze Kindheit nur auf eines programmiert war: das ÜBERLEBEN.

So wie meine Kindheit, für die ich hier heute stehe, diesmal ohne mich zu schämen. Mir sind viele Frauen und Männer begegnet, die ein ähnliches oder gleiches Schicksal erlitten haben. Einige von ihnen sind selber abhängig geworden und kämpfen ein Leben lang damit. Auch mit ihrem geringen Selbstbewusstsein. Hört ihnen zu, denn sie sind nur ein Teil von ihrer ganz traurigen, einschneidenden Geschichte. Sie sind und waren Co-abhängig und hatten, wie ich, niemanden. Die Geschichten ihrer Kindheit sind alle ungehalten.

Sandra Hambrügge-Kossendey, geb. 1970, Moderatorin ihrer eigenen Frauentalksendung »Frau im Talk« beim Sender Oldenburg Eins, Gründerin des politischen Frauenstammtischs in Oldenburg.

Sara Ehsan

Mediha (Medea) auf der Flucht

An welchem Fluss war es? Wie hieß er? Ja, es war der
Merich-Fluss, Mariza, Evros, Meriç, Hebrus. Doch ihr
Gott Frontex hatte Orpheus befohlen zu schweigen.
Wir gelangten von der türkischen auf die griechische
Seite der Grenze. Es war bei Sonnenuntergang und
wir rannten mehrere Kilometer bis zur Straße und
den Gleisen. Ich konnte vor Schmerz und Erschöpfung nicht mehr gerade laufen. Jemand schaute sehr
besorgt zu mir. Du brauchst einen Arzt! Ja, einen Arzt,
dem ich die Wunde, die ich bin, zeige! Ich schüttelte
den Kopf, nein, weiter, weiter über den Zaun, den
ersten, dann über den zweiten, auf, mach schon, Räu-
berleiter, ich weiß nicht mehr wie und woher wir die
Kraft nahmen und schon gingen die Scheinwerfer der
Polizei an, sie hatten Infrarotkameras, und sie schlu-
gen auf die Männer mit ihren Schlagstöcken ein. Ich
weiß immer noch nicht warum, warum man uns an
den Grenzen schlägt, unsere Boote auf dem Meer er-

trinken lässt, uns wieder in das vorige Land, das wir mit unseren letzten Kräften passiert haben, zurückdrängt. Ich kenne ihre Gesetze nicht. Sind das ihre Gesetze? Sie schoben die Männer wieder ab in die Türkei, es waren Söldner, auch Menschen auf der Flucht, die mit den Griechen kollaborierten, um selbst nach Griechenland einreisen zu dürfen. Sie hatten sehr alte Boote in denen sie die Menschen auf der Flucht über den Merich-Fluss wieder zurückdrängten, viele ertranken stumm im Evros, der ihre Köpfe und Körper ins Ägäische Meer trug, vielleicht erreichten sie die Insel Lesbos als zerfledderte Leichenteile. Was für eine Schande, dieses Europa und diese Menschen, die uns das antun. Mir fehlen die Worte. Ist das der Kontinent, der die Menschenrechte hochhält? Sind wir keine Menschen? Tiere behandeln sie besser, sie bauen sogar Brücken für Tiere, damit sie nicht überfahren werden und für uns bauen sie Zäune, damit wir dazwischen zerfleischt werden. Ich habe Angst auf ihren Boden zu treten, ihre kalten Blicke auszuhalten. Wir schreien ja nicht um Hilfe, sondern bitten nur leise, es gibt genügend mündige Bürgerinnen, die sich um das beste Argument sorgen, uns wieder loszuwerden, oder doch hier unterzubringen in irgendeinen Job, den sie hassen, Pflege, Müllabfuhr, Küche, Bau. Wir gehören leider nicht zur upper class-refugees, wir sind leider nur second- oder third- class Refugees. Teile und herrsche, hat schon im alten Rom funktioniert, nicht dass wir uns noch untereinander solidarisieren, gegenseitig helfen, unterstützen, Kraft oder Tipps geben, wie man dieser Hölle namens Bürokratie entkommen kann. Kafka wusste es besser, es gibt kein Entrinnen.

Ich hätte auch gerne gleich eine Arbeitserlaubnis und einen Aufenthaltsstatus bekommen, aber das gibt es nun mal nicht für drittklassige Menschen wie mich. Ich habe ein Tuch zu viel auf dem Kopf, Augen, die zu dunkel sind, um durch sie hindurchzuschauen, eine Sprache, die sie nicht lernen wollen, ich stamme aus einer Zivilisation, die beängstigend älter ist, und für die sich niemand außer ihre Regierungs- und Kolonialbeamten interessiert haben. Was gibt es bei uns zu holen? Ressourcen, meinen sie. Was wollen sie uns dafür geben? Kugeln und Bomben. Wir danken ihnen herzlich!

In aller Ewigkeit sind wir ihnen zu Dank verpflichtet für die Zerstörung unserer Häuser, die Ausbeutung unserer Ressourcen, das Klimadesaster, die Vergiftung unserer Umwelt, wir danken euch für all die Minen, auf denen unsere Männer und Kinder in Stücke gerissen wurden, wir danken euch für die Ausweitung des Heroinanbaus unter der Rigide eurer Geheimdienste und der unseren. Danke auch für die Horden an UN-Mitarbeiter*innen, die für 10 000 Dollar im Monat ein paar Stunden durch die Straßen fuhren und es einen Field-Trip nannten, sie konnten sich nach vier bis fünf Jahren steuerfreies Leben in unserem Staat sicherlich eine Luxusvilla an der Cote d'Azur kaufen und das war auch das Ziel einiger, ein Haus hier, ein Haus dort und unsere zerstörten Häuser besuchten sie dann, machten Fotos, sprachen mit den Betroffenen und kamen nie wieder. Das nannten sie Beweise sammeln für eine Intervention bei den Streitkräften, als ob die sich für diese Interventionen, die immer im Geheimen abliefen, interessierten. Schwierig wurde es nur, wenn etwas an die Öffentlichkeit geleakt wurde, dann musste man schnell wieder ein Attentat erlauben, damit die Aufmerksamkeit in den Medien davon gelenkt wurde, wir kannten ihr Spiel zu gut und sie dachten, wir seien dumm, Analphabeten. Sie kamen mit der Parole: Wir bringen euch Demokratie! Ach ja, wirklich? Während sie alle Warlords und Talibs in das Parlament reinließen. Danke, danke, dass Kriegsverbrecher weiter an der Macht bleiben konnten, das habt ihr ja auch ganz gut geschafft nach dem 2. Weltkrieg. Die Henker wieder in die Schulen, Ämter, Gerichte zu schicken, die sollen mal jetzt arbeiten und ihr zerstörtes Land aufbauen, ja das hat sehr gut funktioniert. Aber einen Marshall-Plan gab es für uns nicht.

Wie werden sie uns rahmen? Wie darstellen auf ihren Fotos und in ihren Medien? Welchen Titel und welchen Untertitel wird man uns geben und vor allem wer zu welchem Zweck? Sie werden es so darstellen, als sei das die Wirklichkeit und nicht verstehen, dass es nur ein Ausschnitt, ein fremdgewählter Ausschnitt sein wird. Doch diese Bilder ohne Text sind bedeutungslos, es werden daraus nur Narrative entstehen, keine Abbilder der Wirklichkeit.

Sind wir minderwertiger, lebensuntauglicher, zu fremd, zu andersgläubig, zu andersaussehend, zu viel Tuch um den Kopf, nicht chic genug, nicht blond genug, nicht hell genug, nicht blauäugig genug. Woher kommen diese Kategorien, denen helfen, denen nicht, die bekommen Rechte, ihr den Schlagstock ins Gesicht? Ist das Gerechtigkeit? Ist das Recht, ihr Recht, geschieht es uns recht? Bin ich ein Sklave, dass man mir und uns das antut, vielleicht denken sie, wir sind ihre Sklaven und sie unsere Herren. Menschenrechte, ist das ihr Gott, der so willkürlich die Rechte verteilt? Haben sie überhaupt Götter, die sie verwurzeln mit diesem Boden? Sind wir Neophyten, die sie ausrotten wollen, da sie die einheimische Art verdrängen? Ist das ihre Angst, Angst, dass die Natur ihre Pflanzenarten verdrängt, nicht einheimische Menschen würden ihre mit diesem Boden verwurzelte Menschen verdrängen? Wie erbärmlich, jeder Vogel weiß, dass Grenzen ein Hirngespinst des Menschen sind. Sie haben Angst vor dem Terrorismus, terrorisieren, ermorden uns aber an ihren Grenzen.

Seit Jahren bombardieren und besetzen sie meine Heimat, führen sich auf wie die Argonauten auf der Argo, wenn sie durch unsere Straßen stolzieren, doch es ging ihnen nie um uns, sondern nur um sie selbst. Brüsten sich damit im posthumanen Zeitalter zu sein, hauptsächlich in einer Cloud zu leben und zu vergessen, dass das Erz in unseren Bergen und das Öl in unseren Ländern gefördert wird. Sie leben in der Illusion einer Immaterialität und wir in der Kriegs- und Umweltzerstörung auf unseren Territorien. Ihren Tod möchten sie besiegen, unseren treiben sie voran. Ja, den Körper verbessern, das könnt ihr, aber den unseren darf man ruhig zerstören, ertränken, aufspießen am Stacheldrahtzaun, unsterblich werden nur die Reichen.

Nutzlose Klasse sind wir, nicht im Besitz der Algorithmen, sondern ihre Wirtschaftsbosse, unbrauchbar sind wir, ja, so nennen sie die nutzlose Unterklasse: unbrauchbar.

Was ist das Menschliche? Ist es eine Substanz? Ich

habe meine ganze Lebenskraft aktiviert, ich habe sie gänzlich verbraucht, und du? Du möchtest dich erhalten, aufbewahren nennst du das, dies das Menschliche? Doch alles, was du konservieren willst, ist reproduzierbar.

Was ist eure Identität? Humanoide Wesen mit verdrängtem Migrationshintergrund?

Sara Ehsan, geboren 1977 im Iran, studierte Literaturwissenschaft, Europäische Kunstgeschichte und Iranistik in Heidelberg und arbeitet als freie Lyrikerin, Theaterautorin und Übersetzerin in Karlsruhe. 2022 erhielt sie das Dramenstipendium »Tour des Textes«, in dessen Rahmen ihr Theaterstück »Mediha auf der Flucht« entstand. Ihre Rede besteht aus Monologen daraus. Im Anschluss an ihre Rede sprach Ehsan über die Lage im Iran: »Seit 2 Monaten sehen wir in einen bodenlosen Schlund des Grauens. Die islamische Republik ist zum Inbegriff der Zerschlagung von friedlichen Protesten geworden. 18.000 Verhaftete, davon mehr als 180 Personen aus der Literatur-, Theater- und Kunstszene. Mehr als 500 Tote und 40 Personen auf der Hinrichtungsliste. Dies ist nur die Spitze des Eisbergs. Wir wissen von systematischer Folter, Vergewaltigung, Erschießungen und einem willkürlichen Justizapparat. Das Patriarchat im Schlachtmodus. [...] Wir alle sind in der Verantwortung und wir können unterstützen und helfen, dass die Schreie der Menschen im Iran gehört werden.«

Oleksandra Yakovlyeva (Buts)

Waffen und Worte: Die Stimme ohne Klang, der Frieden ohne Freiheit.

WAFFEN.

Waffen sind böse. Waffen bringen nichts.

Wie wir wissen, war Hitler ein Mann, mit dem man verhandeln konnte.

Er hatte konkrete Ziele, er war nicht wahnsinnig. Ja, es mag sein, dass sein Regime aus den Fugen geraten ist, aber wir haben ihn mit Wattestäbchen besiegt. Wir haben keine Waffen eingesetzt. Mehr noch – das sowjetische Philharmonie Orchester hat ein Zeichen gegen den Krieg und für den Frieden gesetzt! Ein musikalischer Protest, zu dem der polnische Botschafter herzlich eingeladen wurde.

IDEAL.

Es gibt stets ein Ideal. Ein Ideal welches wir – die Menschen oder die Menschheit – anstreben. Eine moralisch-intellektuelle Evolution. Sozial-humanitäre Reife. Zu diesem Ideal zählt der Frieden. Er ist der

Grundpfeiler unserer zivilisierten Weltwahrnehmung geworden.

FRIEDEN.

Frieden ist oppositär zu Krieg. Krieg komplementär mit Waffen. Keine Waffen – kein Krieg.

UTOPIE.

Ein größeres Kind schlägt auf dem Spielplatz Ihr Kind mit einer Keule, wiederholt. Sie vereinbaren ein Elterngespräch. Die Eltern des Kindes erscheinen mit einer Keule, und schlagen Sie mit dieser Keule, wiederholt. Ich schätze, da lässt sich nichts machen, denn Sie waren friedlich und Waffen bringen nichts.

BÖSE.

Ich liebe Ihr Ideal, ich möchte in Ihrem Ideal leben. Frieden und keine Bomben im Garten meiner Tante, ist mein sehnlichster Wunsch. Keine zerstörte Schule, in dessen Räumen mein Cousin das dritte Schuljahr antreten sollte, ist mein größter Traum. Keine Explosionen auf den Straßen meiner Kindheit, ist meine Utopie.

REAL.

Wenn hier die erste Bombe fällt. Wenn dein WG-Zimmer mit deinen Hängepflanzen und deinen Vintage-Jacken verbrennt. Wenn deine Mutter vergewaltigt wird. Wenn dein großer Bruder im Krankenhaus operiert wird, weil er unter Streumunition geraten ist.

Wenn dein kleiner Bruder nicht an die frische Luft kann, weil es keine frische Luft mehr gibt, sondern nur noch Geruch verwesender Leichen. Wenn dein Vater im Auto verbrannt wird. Wenn russische Soldaten deiner Diplomatie ins Gesicht lachen, dich auch vergewaltigen und dir dann in dein Gesicht rotzen ... dann wirst du dir heimlich denken, du wirst es nicht aussprechen, du wirst es dir nicht eingestehen, dich dafür schämen, aber der Wunsch wird deine neuronalen Bahnen passieren: *»Hätten wir jetzt doch diese 100 Milliarden in die Bundeswehr investiert, hätten wir jetzt ein paar Abwehrraketen, hätte ich jetzt wenigstens ein kleines Messer, um mich gegen das Monster zu wehren welches sich an mir vergeht.«* Verängstigt im Keller hocken. Da, wo mal Technopartys waren, das ist dann ein provisorischer Bunker. Da wirst du hocken und dir wider Willen, wider deines Willens eingestehen: *»Ich war naiv, ich wusste nicht, was Krieg ist, und vielleicht hätte ich lieber den Menschen zuhören sollen, die den Krieg höchstpersönlich kennengelernt haben.«*

SICHT.

In Sicherheit hat man gut reden, in Sicherheit ist man nicht gezwungen zu überleben. Freiheit besitzen ist grundverschieden zu Freiheit bewahren und Freiheit erkämpfen. Die Perspektive zu wechseln, heißt nicht, seine Werte zu verraten, es bedeutet, die Realität nicht zu verdrängen, es bedeutet, die Gefahr angemessen einzuordnen.

SPIEL.

Spielregeln müssen beide Teilnehmer annehmen. Wenn mein Gegenspieler die Regeln ignoriert, kann ich diese noch so oft wiederholen, noch so oft darauf verweisen, noch so oft STOP sagen. Ich muss mich wehren. Früher oder später werde ich mich wehren.

GRENZEN.

Wie kann ich ohne Grenzen mich vor Grenzüberschreitung schützen? Mit stummer Stimme laut nein sagen? Wie kann ich wehrhaft sein ohne Widerstand zu leisten? Wie kann ich ohne Identitätsrekurs mich selbst bewahren?

ABRÜSTUNG.

Die Ukraine hat wenig Geld in ihre Armee investiert. Flugzeuge verkauft. Atomwaffen abgegeben. Und dann kam der Krieg. 2014. Und jetzt stehen wir da. 2022. Ohne Waffen kam nicht mehr Sicherheit. Ohne Militär ist Verletzlichkeit da. Es liegt nicht an mir, nicht in meiner Gewalt, dem anderen die Regeln zu diktieren. Meine Sicherheit hängt von dem Wohlwollen anderer ab. Was aber, wenn andere mein Wohl gar nicht wollen?

WAFFEN.

Waffen sind nicht das Böse, Waffen sind ein Instrument, welches das Böse missbraucht. Zur Wehr gegen Waffen, braucht man leider Waffen. Die Ukraine braucht Waffen. Menschen überleben nur mit Waffen. Waffen bringen etwas.

Frieden. Leben. Freiheit.

Oleksandra Yakovlyeva (Künstlername Oleksandra Buts), geboren 1996 in Kyiv. Pädagogin, Soziologin, Aktivistin. Studierte an der Friedrich-Schiller-Universität Jena. Tochter ukrainischer Schauspieler, schreibt radikale Reden und komplizierte Essays.

1926: die erste Werbung für Tampons,
die ein Foto einer Frau im Abendkleid darstellt,
macht in den USA Skandal.[1]

2019: die erste Werbung, die sich traut,
Blut zu zeigen statt blauer Flüssigkeit,
macht weltweit Skandal.[2]

Neïtah Janzing

Brief an eine Freundin

Liebe Anna,

als ich meine Menarche bekommen habe (oder bei
meiner Menarche? Ich muss sagen, ich weiß gar nicht
so genau, wie das Wort verwendet wird, abgesehen
davon, dass ich viel zu spät von seiner Existenz erfahren habe. Die Endung -arche bedeutet Anfang von etwas, man könnte also auch sagen: Semenarche, Thor-
arche, Spermarche, Ejakularche, Polluarche, um die
erste Ejakulation des Penis zu markieren (nota bene:

es gibt noch keine vaginale Wortentsprechung.))[3]
Also: bei meiner Menarche oder als nach der Schule
plötzlich ein paar Tropfen in meiner Unterhose auf-
tauchten, reichte mir mein Vater etwas ungeschickt
eine (Maxi-)Damenbinde und erklärte mir mit weni-
gen Worten, wie ich sie im Slip befestigen sollte. Meine
Mutter war arbeiten, mir wäre es lieber gewesen, sie
hätte mir das alles gezeigt. Niemand hatte mir erklärt,
dass es beim ersten Mal nur ein paar Tropfen sind.
Ich dachte, es wäre ein Fehlalarm, und es tat mir ein
wenig leid für meinen Vater.

Nach und nach hat meine Menstruation immer mehr
meinen Lebensrhythmus bestimmt. Ich habe nach einigen Monaten von Pads zu Tampons gewechselt, und
als ich aus meinem Elternhaus auszog und merkte,
wie teuer Tampons sind, bin ich endlich zur Menstruationstasse übergegangen. Obwohl die Erfindung der
Menstruationstasse schon in die 30er Jahre zurück-
reicht[4], war das damals, 2010, ziemlich neu. Meine
Mutter war mit drei Stück zurückgekommen: für sie,
meine Schwester und mich. So waren wir ins Bad gegangen, eine nach der anderen, haben unsere Finger
auf die Vulvalippen gelegt, den Vagina-Eingang aufge-
zogen und versucht, mit blutigen Händen, den Zeich-
nungen auf der Bedienungsanweisung nachzufolgen.

Nur die Mutti schaffte es, wir beiden trauten unserer Vagina wahrscheinlich noch nicht genug ... Drei Jahre später, also als ich auszog, da krempelte ich mir die Ärmel hoch und schob mir diese Silikontasse in die Vagina, so wird es ab jetzt sein! Ich trage eine Menstruationstasse nun seit Jahren, und ich danke, erstens, meiner Mutti, aber auch dem Kapitalismus, und der Umweltverschmutzung, die mich ermutigt haben, so was zu benutzen. (Ich liebe es wirklich(!))

Wie oft aber habe ich mich in Situationen befunden, wo ich Pads / Tampons / oder Menstruationstasse, also Menstruationsutensilien nicht dabeihatte, wo ich mich fragen musste, ob ich Klopapier um meine Unterhose wickeln musste, oder lieber versuchen sollte, mein Blut »zurückzuhalten«, so dass ich noch ein paar Meter laufen könnte, um in der nächsten Tankstelle / Drogeriemarkt / Späti eine Packung Pads oder Tampons zu kaufen, oder ob ich einfach irgendeine Frau auf der Straße fragen sollte? *Hallo, ähmm ja, wir kennen uns nicht, ähmmm also, ich brauche einen Tampon. Hast du vielleicht einen? Es gab gerade keinen auf der Toilette, und ich brauche nur einen für den Tag ...* Bevor ich gemütlich mit »meinen Tagen« umging, habe ich Klopapier benutzt, ich denke, wir haben es alle irgendwann mal gemacht und gemerkt, wie furchtbar es ist. Wie es so an der Vulva klebt, an dem Vagina-Eingang und wie es überhaupt kein Blut aufsaugt. Wie oft habe ich dabei Unterhosen und Hosen verschmutzt. Ich hoffe ganz ehrlich, dass bald in jedem öffentlichen Klo, in Restaurants, Bars, Theatern, allen Stellen wo Menstruationen auftauchen können, Tampons oder Pads zur Verfügung stehen. Ich wünsche mir sogar, dass es irgendwann zu einem Gesetz wird. Es würde so eine Menge Stress abbauen!

Ich habe das Glück, dass meine Menstruationen bis zum Einsetzen eines IUPs (Intra-Uterin-Pessar, oder Spirale) nicht allzu schmerzhaft waren, das Glück, dass sie trotz IUP noch ertragbar sind. Und das Glück, dass mein Körper überhaupt ein IUP ertragen kann. Ich kenne Menschen, die nach Einsetzung eines IUPs vor Schmerzen nicht mehr arbeiten können, es so schnell wie möglich wieder raushaben wollen. Als ich zum ersten Mal in Deutschland zur Frauenärztin ging, wollte sie sofort untersuchen, ob die Spirale noch gut sitzt, *das geht aber auf deine Kosten,* sagte sie mir, *die sind in Höhe von 20 € und müssen sofort bar bezahlt werden.* Die Mona Lisa, so heißt meine IUP, bekam ich als »Spirale Danach« eingesetzt, zehn Jahre sollte sie gut sein. Einige Monate nach der Einsetzung könnte ich meine Menstruationstasse wieder benutzen, laut meines damaligen Gynäkologen. Man gab mir Lachgas und schickte mich wenige Minuten nach dem Eingriff wieder nach Hause. 1997 sollte die IUP meiner Mutter noch für ganze fünfzehn Jahre halten, meine hingegen ja nur noch für zehn. Ich hoffe, dass ich in einigen Jahren noch eine IUP bekommen werde, die mindestens fünf Jahre eingesetzt bleiben kann, wobei das eher unwahrscheinlich zu sein scheint ...

Liebe Anna, wir haben tausend Geschichten von Menstruationen, und wie du deine erlebt hast, ist wahrscheinlich sehr anders als ich meine. Schon, dass mehr als 20 Jahre zwischen uns liegen, Kinder, aber auch zwei Kontinente, und fünf verschiedene Länder mit den unterschiedlichsten Menschen. Aber manche Sachen, wie Klopapier im Höschen, haben wir sicherlich beide erlebt; Blut auf einem Stuhl im Klassenzimmer zu hinterlassen (und danach immer gucken, ob man etwas *hinterlassen* hat); *nein* zu einem Ausflug zum Schwimmbad zu sagen, obwohl man voll Lust darauf hat; sich voller Schmerz im Bett für den ganzen Tag niederzulassen; wegen den Hormonschwankungen vor Katzenvideos zu weinen; einen Schwangerschaftstest zu machen, obwohl man keinen Sex hatte, weil die Menstruation verspätet ist; in einer Toilette mit blauem Licht nach der Menstruationstasse zu suchen und zu versuchen, sie zu säubern, obwohl man fast nichts sieht; und vielleicht hast du auch eines Tages gedacht – *nee, heute trage ich nichts, und lasse das Blut an meinen Beinen fließen.* Und du hast an die Frauen in den Lagern, an die Frauen im Krieg, in armen Ländern oder auch an die, die auf der Straße unter deinem Fenster betteln gedacht. Wie das Blut an deren Beinen fließt, und trocknet, dunkelrot. Weil essen und überleben wichtiger ist, als nach Menstruationsutensilien zu suchen und sie zu bezahlen.

Meine liebe Anna, wirst du mit deiner Tochter, die bald auch im Alter ist, ihre Menarche zu bekommen, darüber sprechen? Wirst du mit ihr reden, bevor sie denkt, sie sei krank, wenn sie Blut in ihrer Unterhose entdeckt? Wirst du sie trösten, wenn sie ihre Menarche erst später bekommt, und Angst hat, sie sei noch keine »richtige« Frau? Ihr die viele Auswahl an Menstruationsutensilien zeigen? Wie man sie benutzt? Wirst du ihr auch zuhören, wenn sie dir sagt *Mama, es tut mir furchtbar weh,* mit ihr zur Gynäkologin gehen? Über den Zervixschleim sprechen, die Verhütungsmethoden, und wie sie sich nicht für ihre Vulvalippen schämen sollte?

Wirst du, Anna?

Neïtah Janzing, geboren 1997 in St-Adrien, Kanada, studierte Kostüm- und Bühnenbild.

Sie ist Teil des Netzwerks französischsprachiger Autorinnen in Berlin und Mitbegründerin des U8 Kollektivs.

1 http://www.mum.org/lemiller.htm / https://mymodernmet.com/lee-miller/

2 https://www.radiofrance.fr/mouv/le-csa-a-rendu-son-verdict-concernant-la-publicite-nana-viva-la-vulva-2828062/; https://www.zeit.de/zett/politik/2019-09/im-australischen-tv-wird-menstruationsblut-gezeigt-und-hunderte-beschweren-sich?utm_referrer=https%3A%2F%2Fwww.google.com%2F

3 https://www.gqmagazine.fr/sexe/article/devient-on-un-homme-lors-de-sa-premiere-ejaculation

4 North BB, Oldham MJ (February 2011). »Preclinical, clinical, and over-the-counter postmarketing experience with a new vaginal cup: menstrual collection«. *Journal of Women's Health.* 20 (2): 303 – 11. doi:10 1089/jwh.2009. 1929. PMC 3036176. PMID 21194348.

Ruta Dreyer

L CH SEIN

Also, wo soll ich anfangen? Zehn Minuten, reichen die?

Ich spreche von: den Plakaten mit dürftig bekleideten weiblich gelesenen Menschen darauf, deren zumeist helle und glatte Haut glänzend vom Licht in Tunnelröhren beschienen wird. Ich spreche von: den glitzernden Zähnen des strahlenden Lächelns der Frau Mitte dreißig auf dem Titelblatt irgendeiner vermeintlich gutgemeinten Zeitschrift im Supermarkt nebenan.

Ich spreche von: den erstellten Maßstäben der Blicke auf meinen Körper, die sich an ihn legen wie Gurte – vielmehr noch: einfallen, auszehren, auskratzen, wie ein Gefäß, einen Hohlraum, ein Loch, das sie entstehen lassen.

Ich bin also – Loch.
Was heißt das?

Mein Mund ist Loch, weil die Worte, die ich sagen will, in sich selbst verschluckt werden, meine Vagina ist Loch, weil ihre Charaktereigenschaft zu sein scheint, dass dort etwas hineingesteckt werden kann, mein Begehren ist Loch, weil so getan wird, als wäre kein Inhalt vorhanden.

Und diese Löcherhaftigkeit nur alleine wegen des Umstands, dass da aus purem Zufall eine Vagina zwischen meinen Beinen war, als ich nackt, schreiend und nass in einem Krankenhaus vor zwanzig Jahren aus der Vagina meiner Mutter auf die Welt geplumpst kam, aber: nicht mal die Vagina, nur die Vorstellung anderer Menschen darüber, dass ich eine Vagina habe, verschluckt mich, mein Auftreten, wie ich wahrgenommen werde, der Umstand, dass ich rechtfertige.

Ich bin – Loch.

Doch ein Loch hat auch Vorteile. Ich kann fressen, ich kann zerfressen, ich kann schlucken. Heißt – ich schlucke regelmäßig, ich schlucke hinunter, nage an, zerkaue, spüle ebenso hinunter, was mir nicht passt, manches lasse ich in großen, groben Brocken in mich fallen, ich halte das aus.

Aushalten heißt: Den Rücken gerade durchstrecken und nicht an der Last des Inhalts zerbrechen, die getragen werden muss.

Einmal bin ich fast zerbrochen, aber ich weiß nun, dass ich nicht muss. Ich weiß, was ich kann.

Und ich fresse, breche, zernage, was mir nicht passt. Dann kann es meinetwegen in mich fließen, in mich hineingespült, in mein Loch, in mich, meine Schweißporen, meinen Mund, die Vagina, in mein Po-loch, kann meinetwegen alles hineingespült werden.

Die Bemerkungen, abfälligen Blicke, das Lächeln auf den Zeitschriften, Kalorienangaben, Rezepte, Fragen, Lieder aus dem Radio, ich zerfresse das alles.

Mein Loch ist eines mit scharfen Zähnen. Ich habe scharfe Zähne.

Stellen wir uns also vor, wie ich als Loch durch die Welt laufe.

Wie ich Bilder sammele, Bilder gieriger Männer, die vielleicht oberkörperfrei an irgendeinem Zaun lehnen, mit Schweißtropfen im Gesicht und auf dem Bauch, Schweißtropfen, für die ich mich schämen müsste, einen nackten Oberkörper, für den ich mich schämen müsste, der offene Blick auf Brustwarzen, für die ich mich schämen müsste.

Aber wer hat mich gefragt, ob ich die Brustwarzen dieses Mannes sehen will?

Und wie dieser Mann da also seinen Kopf entlang meines Körpers bewegt, als ich an ihm vorbei auf dem engen asphaltierten Weg laufe, als er seinen Blick über mich streift und sich die eine Seite seiner Lippen gehässig anhebt, als er die Hand über seinen Bauch streicht und mir ein »Na, Liebes« entgegenflötet, oder »Na, Süßes«, so was passiert immer austauschbar, bekomme ich Lust, meine Hand, die ebenso von Schweiß, Gestank und Dreck überzogen ist wie seine, direkt in seinem Gesicht landen zu lassen, um eben jenen Schweiß, Gestank und Dreck meinerseits auf seiner Haut abstreifen zu können, um Spuren zu hinterlassen.

Es gibt mehrere Möglichkeiten, wie diese Geschichte ausgehen könnte. Es gibt immer mehrere Optionen, für alles.

Es gibt die Option, dass ich schweige, grinse, dass ich weitergehe. Es gibt die Option, dass ich ihn auslache.

Es gibt die Option, dass er mir noch näher kommt, dass es da keine Luft mehr zwischen uns gibt, dass er sein Gesicht und seinen Bauch so nah an mich drückt, dass ich zurückweichen, mich an den Zaun hinter uns pressen, dass ich die Kälte eines Mannes Mitte fünfzig spüren muss. Es gibt die Option, dass eine andere

Person, die das bemerkt, es für nicht richtig hält und sich dazu noch entscheidet, ein eigenes Risiko einzugehen, etwas sagt und er, der Mann, sich daraufhin in die Hose pisst.

Es gibt immer mehrere Optionen für jede Geschichte.

Und als Loch kann man jede durchleben.

Wenn ich mich jetzt als Loch definiere, dies annehme, sage, das ist jetzt meine Identität, ist das dann Selbstaufgabe oder -aneignung?

Ist es Selbstbehauptung, ist es Stärke oder Schwäche?

Ich entscheide das heute selbst und ich entscheide mich für Stärke. Weil ich die Stärke darin sehe, Loch zu sein.

Weil ich mir bewusst bin, dass Mund, Vagina, Poloch, Schweißporen, Löcher an mir sind, die ich liebe, für die ich mich nicht schäme.

Und wenn ich jetzt hinausgehe und all das sehe, frage ich mich, wie konnte ich so lange glauben, dass dieser Zustand okay ist, dass Menschen mit ihm in Einklang leben, dass sie nicht aufspringen, sich an den Kopf fassen und sagen: Das ist verrückt, wir müssen das ändern.

Denn das ist das Problematische: Man wurde da hineingeboren, es funktioniert strukturell und umgibt einen Tag für Tag.

Das Einzige, das nie schläft, ist die Sozialisierung.

Und wie immer ist es auch ein Konzept von Sicherheit, von dem man denkt, es wäre echte Sicherheit. So dass es die Heimeligkeit der Zustände bleibt, dass es ein Zuhause bleibt.

Doch mittlerweile bevorzuge ich das Loch im Gegensatz zu diesem vermeintlichen Zuhause. Das muss man sich mal vorstellen, dass es da Dinge gibt, die in mir so viel Unbehagen auslösen, dass ich ihnen vehement den Rücken zukehre und mich entschließe, Loch zu sein. Aber eigentlich habe ich keine Wahl.

Loch heißt für mich auch: Möglichkeit. Neues. Offenheit. Denn ich will anders, ich will neu denken.

Dabei will ich mich nicht an Vorgaben halten, die mir erzählt wurden. Von diesen Vorgaben halte ich nichts mehr, denn sie haben versagt.

Zu was sie beigetragen haben, ist die Entstehung einer Gesellschaft, in der es

ernsthaft Shows gibt, in denen Mädchen und Frauen dazu gezwungen werden, sich nackt vor die

Kamera zu stellen, um dafür gleichzeitig im Internet diffamiert zu werden,

es Krankheiten wie Magersucht gibt, bei welcher sich Betroffene mit der Hoffnung auf die Erfüllung eines Schönheitsideals mit Absicht zu wenig Energie zuführen als sie zum Leben brauchen.

In der ungefähr jede dritte Frau in ihrem Leben schon mindestens einmal sexualisierte und / oder körperliche Gewalt erfahren hat.

Ich möchte einen Schutzraum, für alle. Und ich lade alle in mein Loch ein.

Hier ist Platz für weibliche Lust, ich will Lust und Luft und Atmen. Denn das ist, was Loch auch ist, Loch ist ganz ganz viel Luft, endlich genug Luft, das erste Mal in meinem Leben genug Luft.

Luft, die ich brauche, um meine Stimmbänder zu dehnen, um tief einzuatmen, um mich vorzubereiten, auf alles das kommt, denn es wird vieles kommen und ich werde ein Teil davon sein.

Ist mir egal, ob ich hysterisch genannt werde, oder eifersüchtig oder arrogant, das sind ja alles bloß Etiketten, die auf mich gedrückt werden.

Denn ich weiß, was das für eine Emotion ist, die ich habe, ich kann sie ganz konkret benennen.

Es ist Wut.

Ich bin wütend.

Und um meine Wut genauer zu definieren, sage ich: Ich bin eine wütende Frau. Ich bin weibliche Wut.

Damit grenze ich mich ganz klar von männlicher Wut ab. Meine Wut existiert im Rahmen von Strukturen, die mir beigebracht haben, nicht wütend sein zu dürfen.

Meine Wut ist unerwünscht und gefährlich.

Und noch gefährlicher ist sie, wenn sie in einer sozialen Gruppe mit ähnlichen Erfahrungen und Bedürfnissen stattfindet.

Wir haben das Bedürfnis uns auszudehnen. Wir haben das Bedürfnis Raum einzunehmen.

Wir, Frauen, haben das Bedürfnis, jenen Deckel, den man einst auf uns legte, nicht nur zu entfernen, sondern ihn ganz und gar verschwinden zu lassen, zu zerstören.

Wir brauchen keine Deckel. Wir sind keine Gefäße, die man bloß füllen und schweigend zurücklassen kann.

Wir sind so laut, dass es bebt.

Ich glaube, ich muss meine Definition von Loch ganz und gar neu formulieren.

Auch das Loch in meinem Kopf, das entstand, als ich mich begann zu politisieren, mit bestehenden gesellschaftlichen Strukturen auseinanderzusetzen und mir den Glauben an die Kategorien zu nehmen, die mir Sicherheit schenken sollten.

Doch dafür habe ich Freiheit bekommen, Platz, Luft.
Das ist meine neue Definition von Loch: Den Mut mir Raum zu nehmen. Und diese Kraft, diese Energie, die ich spüre, das ist für mich Sicherheit.
Das Selbstvertrauen, zu wissen, was ich jetzt sage, was ich für mich sage, für mein Geschlecht, das ist richtig, das darf ich, das ist notwendig.

Ich bin wütend und meine Wut will ich weitergeben. Raum für alle, denen der Raum verwehrt wurde.
Zerfresse den Boden dieser Räume, lasse die Wände aufbrechen, da ist die Weite, da ist die Möglichkeit, da ist die Stärke in der Zusammenkunft.

Von allen Seiten kommen sie, alle Löcher, so viel Luft, so viel Atem, so viel Raum und Neues, ich kann es kaum glauben.
Ich – bin ja bloß Loch.
Ich bin ja bloß meine Pussy, die gefickt werden kann, aber wisst ihr, was Pussys auch können?

Sie können auf die Umstände ficken, sie können keinen Fick geben, sie können auch sagen

»Fick dich« und es ernst meinen, oder sagen, sie haben Lust zu ficken, und auch das ernst meinen.

Also, wo soll ich enden? Zehn Minuten, haben die gereicht?

Ich glaube nicht. Dies ist nur der Anfang eines Anfangs eines Anfangs, und davon ein Bruchteil.

So klein – und es wird noch so viel kommen.

Ruta Dreyer, geboren 2002 in Hannover, studiert Literatur- und Politikwissenschaft an der Freien Universität Berlin. In ihren Texten setzt sie sich mit Fragen zu Herrschaft und Abhängigkeit auseinander.

Maria Odoevskaya

Der Blick / Panoptikum

I.

Als ich noch zur Schule ging, war ich richtig, richtig hässlich. Ich trug Shirts von Bands, die niemand kannte, und immer denselben matschgrünen Kapuzenpullover. Ich habe mir meine Haare abgeschnitten, als ich zwölf war, mit einer Nagelschere. Ich stieß jeden Blick magnetisch ab. Ich war die beste Beleidigung, die eine Frau aussprechen kann, ohne etwas zu sagen: Ihr seid es einfach nicht wert, dass ich mir Mühe gebe für euch.

Als ich elf war, waren meine Haare lang und seidig. Ich habe dicke schwarze Ränder um meine Augen gezogen und zum ersten Mal versucht, kein Kind, sondern eine Frau zu sein.

Mit 18 kaufte ich mir zum ersten Mal ein Kleid und versuchte wieder, eine Frau zu sein. Ich dachte, der Selbsthass, die Angst, der zehrende Mangel würden sich auflösen, wenn ich nur endlich schön wäre.

125

Ich war 22, als ich mich zum ersten Mal in einem Spiegel sah und dachte, dass ich schön sei. Heute bin ich 23. Ich ziehe meine Wangen ein auf Fotos, ich stimme die Kleidung, die ich trage, und mein Make-up jeden Morgen aufeinander ab. Ich trage Highlighter auf meiner Nase, um sie schmaler zu machen – *Und ich decke meine Augenringe nicht ab, um zu zeigen, wie satt ich euch habe -*

Ich habe keinen Twitter-Account, dafür habe ich nicht oft genug einen originellen Gedanken. Ich sperre mich gegen TikTok, im Kopf altere ich schneller, als die ersten Falten auf meinem Gesicht entstehen können. Ich will mir keine Mühe geben – weil ich Angst habe, dass ich auch dann nie schön, nie mundgerecht konsumierbar sein werde.

II.

Du hast endlich keine Pickel mehr und Untergewicht – surprise, surprise, du hast noch immer nicht aufgehört, dich selbst zu hassen. Du bist kein Kind, sondern endlich eine Frau, und das Panoptikum befindet sich in deinem Kopf. Jede Gestalt, die du annehmen kannst, ist von einem einzigen Wachposten sichtbar, genau in der Mitte deines Gefängnisses. Du kannst den Blick nicht mehr abstoßen. Du bist bestens vorbereitet: Weil du nicht weißt, wann er dich trifft, verbringst du dein ganzes Leben als Wachsfigur. Mit Frontkamera und den richtigen Filtern kannst du zumindest bestimmen, aus welchem Winkel man dich verurteilt. Also mal dir einen Strich auf die Wasserlinie und hör auf zu weinen, tue doch einfach mal, als ob du dir noch selbst gehörst, es macht dir ja Spaß, du tust es ja nur für dich. Feminismus ist mundgerecht konsumierbar, seitdem man damit Shapewear und Saftkuren verkaufen kann, ein geteiltes Info-Slide ist halbes Leid, mit Hashtag #bodypositive ist sogar deine Cellulite noch massentauglich, du kannst alles sein, was du willst – nur nicht hässlich. Nur nicht unsichtbar.

Klickzahlen, Profil-Interaktionen, steigende und fallende Trendlinien – du beobachtest genau, wie du beobachtet wirst. Du fängst und erwiderst den Blick deines Überwachers, weil du ihm nicht ausweichen kannst. Mit der Spitzhacke schlägst du Profit aus deiner Haut, die erst zur Skulptur werden muss, um Daseinsberechtigung zu haben. Wie oft musst du noch bemerkt werden, damit du dich wieder so fühlst wie damals, als du noch unsichtbar warst?

III.

Im Bachelor-Studiengang der Medienwissenschaften kann man Seminare belegen, wie man mehr Follower auf Instagram und TikTok bekommt. Wir haben es endlich geschafft: hier haben wir unser Perpetuum mobile. Endlich können wir die Werbung selbst ausstellen, die einzige Ölung, die das Getriebe braucht, ist unsere laute, wortlose Angst, vielleicht doch nie schön zu werden. Wir haben uns aneinander abgeschliffen, wir sind mundgerecht konsumierbar geworden – und *ihr, ihr* werdet immer noch über uns lachen. Sich Mühe zu geben, um zu gefallen, Angst zu haben, das ist einfach nicht cool. Ihr verspottet unsere sinnlose Eitelkeit, ihr mögt es doch eh am liebsten, wenn Frauen was auf den Rippen haben und sich nicht schminken. *Take her fucking swimming on the first date,* lasst sie nicht vergessen, dass sie ohne euren Blick nie perfekt sein wird, flüstert ihr ins Ohr mit eurem widerlichen heißen Atem, dass sie den kurzen Rock doch eh nur angezogen hat, um euch geil zu machen. Ihr versteht es nicht. Ihr seid doch nur eifersüchtig. Unsere Make-up-Spuren in euren Kissen sind nur das Preisschild auf dem Wild, das ihr meint, selbst erlegt zu haben. Wir machen das nicht für euch, sondern für die Panoptiken in unseren Köpfen. Stellt euch hinten an. Gebt euch zufrieden mit dem virtuellen Abstand. Wir brauchen weder Freier noch Zuhälter, um uns zu prostituieren.

I.

Es gibt keine Fotos von mir aus der Zeit, als ich noch richtig, richtig hässlich war. Ich will von euch nicht hören, wie schön ich jetzt bin, und vor allem, dass ich früher so schlimm doch gar nicht aussah. Ich hatte nicht immer ein Panoptikum im Kopf. Ich bin nicht wütend. Ich bin müde.

Maria Victoria Odoevskaya. Geboren 1994 in Moskau, aufgewachsen ebenda, im weißrussischen Zhodino bei Minsk und im schleswigholsteinischen Lübeck. Doktorandin an der Universität Siegen. Preisträgerin des 28. Treffens junger Autoren bei den Berliner Festspielen, des »zeilen.lauf«-Kurzgeschichtenwettbewerbs in Baden 2013, Preisträgerin des Hamburger Literaturförderpreises 2017.

Eva Muszar

Wir Erschöpften

Liebe Zuhörende:

Eine 29-Jährige liegt auf ihrem Wohnzimmerteppich, wie niedergestreckt, ihre Arme zittern. Als sie irgendwann an jenem Montagmorgen nach einer Sechstage-Arbeitswoche wieder aufstehen kann, zieht sie sich ordentlich an und geht zum Arzt. Wochenlang hat sie nicht geschlafen, monatelang Überstunden gemacht, sich zerrieben zwischen Selbst- und Fremdausbeutung. Leistung gebracht, den Schein gewahrt.

An jenem Montag vor zwei Jahren ließ sie sich krankschreiben und hängte bald darauf ihren Job an den Nagel. Bis zu jenem Montag hatte sie in der Politik gearbeitet, war jahrelang in einer Partei und deren Jugendorganisation aktiv gewesen, hatte sich darum bemüht, den Sinn in ihrem Beruf zu suchen und zu finden. Aber der Sinn war ihr abhandengekommen und vielleicht auch sie sich selbst.

Und sie sah andere, die ebenso erschöpft strauchelten. Dabei muss sie nicht einmal weit schauen. Es sind nicht nur Abgeordnete und Regierungsmitglieder, sondern genauso ehrenamtliche Kommunalpolitiker*innen und Aktivist*innen.

Nichts darf stillstehen. Wir sprechen vom »Politikbetrieb«, als wäre Politik nichts ohne Betriebsamkeit. Schließlich gilt in dieser Betriebsamkeits-Performance dieser Imperativ zu jeder Tageszeit: »dazu müssen wir heute noch was für Social Media machen«, Pressekonferenzen gibt es in Brüssel und Berlin um zwei Uhr nachts, und wenn ich vier Anrufe der Chefin innerhalb von fünf Minuten verpasse und sie fragt: »Warum ist das noch nicht online?«, meint sie: »Warum bist du nicht auf Zack?«

Wir haben uns alle selbst eingeredet – nein: in die Gesten, in unsere Körper eingeschrieben –, dass die Güte politischen Handelns durch seine pausenlose Darstellung und Inszenierung bewiesen werden könnte.

Die Möglichkeit, erst einmal den Mund zu halten, bis der Gesetzentwurf gelesen ist, bis die Argumente abgewogen sind, existiert nicht mehr. Wer das versucht, ist raus.

Schon haben die politische Gegnerin, der etwas zu ehrgeizige Parteifreund, die Zeitung, die Twitter-Hater die Meinungsführung übernommen. Oder unsere Paranoia, dass sie es tun könnten. Wer blinzelt, verliert.

Währenddessen fällt die Welt um uns zusammen. Waldbrände, Pandemie, Krieg, und wir tippen dagegen an mit Instagram-Kacheln und Soundbites. Aber Instagram-Kacheln und Soundbites sind keine Politik. Sie sind nur Scheinersatz für politisches Handeln.

Seitdem ich auf meinem Teppich lag, mehr neben mir als in mir, und nicht mehr aufstehen konnte, kann ich mir Sisyphus nicht mehr als glücklichen Menschen vorstellen. Der Felsbrocken war auf mich, auf sie, die ich einmal war, gefallen. Noch Monate später legte sich dieses grausame Gewicht auf meine Arme, wenn ich nur an Politik dachte. Die Erschöpfung entfremdete mich von mir selbst. Nicht erst seit damals frage ich mich, was ich überhaupt tun kann in dieser Welt, und ob ich überhaupt jemand sein kann, wenn ich nichts tun kann.

Das war der Refrain meiner schlaflosen Nächte.

Simone de Beauvoir beschrieb, wie sich die Wut, die Resignation, die Auflehnung der Frauen gegen eine Welt, die sie zur Ohnmacht verdammte, symbolisch im Streik und im Versagen des Körpers zeigte.[1]

Nur nachts, nachts, da kehrt es wieder: »Die Frau [...] kämpft sich hilflos durch eine wirre Nacht. Weil sie nichts macht, macht es ihr zu schaffen‹. [...] Was sie vergeblich zu bannen versucht, [...] ist das Gespenst ihrer eigenen Ohnmacht«.[2]

Es ist nicht einfach, darüber zu reden. Ich breite ungern meine Gefühle aus, möchte nicht als schwach, als verletzlich gelten, nicht als eine, die aufgibt. Ich möchte außerdem nicht all jene guten Leute verraten, die wirklich etwas verändern und verbessern wollen. Aber wie Verrat fühlt es sich an, über politische Erschöpfung zu sprechen.

Warum also tu ich es? Und warum sollte Sie das interessieren, während Ärzt*innen und Pfleger*innen Schicht um Schicht auf Covid-Stationen arbeiten müssen? Sie haben recht. Die Auswirkungen von Überarbeitung, Burn-out, Ausbeutung betreffen woanders mehr Menschen.

Dennoch muss es uns interessieren, weil die Art, wie in der Politik gearbeitet wird, unsere Demokratie betrifft. Unsere Demokratie trifft. Weil diese Art, wie in der Politik gearbeitet wird, zum einen all diejenigen ausschließt, die nicht »mithalten« können. Und weil sie zum anderen aus Sicht derjenigen, die politische Entscheidungen treffen, eine Norm ist – eine Norm, die angelegt wird an die, für die diese Entscheidungen gelten. Denken wir an die absurden aktuellen Diskussionen über eine Verlängerung der Wochenarbeitszeit. Während immer mehr Menschen wegen psychischer Erkrankungen krankgeschrieben sind – besonders Frauen und Beschäftigte im Gesundheitsbereich.[3]

In der Branchenzeitschrift *Politik & Kommunikation* riet einmal ein Arzt all jenen Politiker*innen, die kurz vor dem Burn-out stehen, sie seien »besser beraten [...], den Kampf [...] zugunsten der eigenen Gesundheit ruhen zu lassen«.[4] Politik sei eben ein Kampfplatz und der Ansicht dieses Arztes nach gibt es Persönlichkeitstypen, die für diesen »Kampf« geeignet, und andere, die ungeeignet seien.

Ich, tja, ich war wohl nicht stark genug. Ungeeignet.

Aber wollen wir in einer Gesellschaft leben, in der nur die »Härtesten« Politik machen? Nur die vermeintlich »Starken«, »Gesunden«?

Wen wundert es, dass es häufig ein ganz bestimmter Typ Mann ist, der dann übrig bleibt und sich nach Siebzigstundenwochen für seine eiserne Härte feiert. Und zwar mit nächtlichen Trinkrunden in Konferenzräumen, weil das die letzte Freude ist, die bleibt.

Das sind dann die Runden, in denen die Entscheidungen getroffen werden. Als gelte das Recht des Stärkeren.

Dabei macht uns die Demokratie das Versprechen, dass jede*r sich gleichberechtigt einbringen kann. Dass wir handeln können, frei und gemeinsam mit anderen, und dass wir mit unserem Handeln etwas ändern können. An diesem Versprechen halten wir uns fest, während wir Dinge tun und noch mehr Dinge tun und doch so oft ohnmächtig bleiben. Ohnmächtig gegenüber den Krisen der Welt, gegenüber dem erschöpften, brennenden Planeten. Ohnmächtig, weil die Politik so oft die Verantwortung auf die Einzelnen schiebt, wenn etwa der Staat elementare Hilfeleistungen auf zivilgesellschaftliches Engagement abwälzt – sei dies bei der Unterstützung für Obdachlose in unserer Stadt oder bei der Seenotrettung im Mittelmeer. Das zu ändern, statt Instagram-Stories rauszuhauen, wäre politisches Handeln.

Für uns Einzelne ist es Sisyphusarbeit. Wir versinken in Frustration, Twitter-Hass ist unser Anti-Schlaflied, und liegen äußerlich und innerlich regungslos alleine auf einem Teppich, beobachtet nur vom Gespenst unserer Ohnmacht.

Erschöpfung vereinzelt, und Erschöpfung lähmt.

Erschöpfung macht unpolitisch.

Erschöpfung löst uns als Subjekt auf.

Und das obwohl politische Teilhabe doch gerade ein »Gegenmittel« zum Gefühl der Ohnmacht und der Entfremdung sein sollte: kollektive Selbstwirksamkeit.

Erschöpfung wird zu einem rein individuellen Problem gemacht, mit Tipps für Achtsamkeitsübungen und Ratschlägen wie eben jenem, doch »den Kampf aufzugeben«.

Denn, so Theodor W. Adorno, »[w]enn das einzelne, atomisierte, abgespaltene Individuum nicht [...] als ein freies sich bewährt, dann wird es dafür gerade sozial bestraft, es kommt in irgendeiner Weise unter die Räder«.[5]

Politische Erschöpfung trifft eben nicht jede*n gleich. Dass wir uns alle gleichberechtigt in der Demokratie einbringen können, ist noch lange nicht Wirklichkeit.

Und deshalb ist Erschöpfung politisch.

In den letzten Jahren habe ich viel Schlaf nachgeholt, mich zurückgezogen. Meine Lebensziele und

Träume, das, was mir wichtig ist, haben sich verschoben. Ich bin heute jemand anders, aber ich bin auch noch ich von früher, die, die einen Grund sah, sich zu engagieren. Und ungeeignet dafür bin ich sicher nicht.

Vielleicht ist jetzt die Zeit, uns nicht mehr vereinzeln zu lassen, weil das Ohnmacht nur vergrößert. Nicht länger eine Härte vorzuspielen, die ich nicht habe, die wir nicht haben. Ich möchte nicht als schwach, als verletzlich gelten, aber ich bin es. Und Sie sind es. Wir sind es.

Nur wer sich ausruht, kann sich wandeln. Wir kollektiv Erschöpften sollten morgen nicht übermüdet als diejenigen aufstehen, die wir heute noch sind. Wir müssen aufhören, uns zuzurichten. Demokratische Politik muss den Anspruch haben, die Welt so einzurichten, dass wir alle in unserer Schwäche und Verletzlichkeit sicher sein und gemeinsam handeln können. Denn uns schwach zeigen zu dürfen, ohne Stärke zu provozieren, noch einmal nach Adorno,[6] heißt erst, frei sein zu können. Das Recht des Stärkeren darf nicht siegen.

Eva Muszar, geboren 1991, ist Politik- und Kommunikationswissenschaftlerin und lebt in Stuttgart. Früher war sie einmal Landessprecherin der Grünen Jugend

Baden-Württemberg, heute engagiert sie sich in feministischen Zusammenhängen.

1 Beauvoir, Simone de (2000): Das andere Geschlecht, Reinbek bei Hamburg, S. 760.
2 Beauvoir, Simone de (2000): Das andere Geschlecht, Reinbek bei Hamburg, S. 756.
3 DAK-Gesundheit, Psychreport 2022 https://www.iges.com/kunden/gesundheit/forschungsergebnisse/2022/psychreport/index_ger.html [zuletzt geprüft: 31. 07. 2022].
4 Middendorf, Christoph (2016): Was Politiker von Pavianen lernen können, in: Politik & Kommunikation 2/2016. Online unter: https://www.politik-kommunikation.de/politik/was-politiker-von-pavianen-lernen-koennen/ [zuletzt geprüft: 25. 07. 2022].
5 Adorno, Theodor W. (2001): Zur Lehre von der Geschichte und der Freiheit. 1964 / 1965 (=Nachgelassene Schriften, Abt. IV: Vorlesungen, Band 13), Frankfurt am Main, S. 292.
6 Adorno, Theodor W. (2003): Minima Morialia (=Gesammelte Schriften, Band 4), Frankfurt am Main, S. 218.

Aileen Puhlmann

Über die Wut

Ich bin wütend. Ich bin eigentlich immer wütend. Die Wut begleitet mich wie ein Grundrauschen durch den Alltag. Meine Wut wird geschürt durch Ungerechtigkeiten. Das können die ganz kleinen sein: Meine Nachbarin, die es nicht schafft, ihren stinkenden Müll runterzubringen, ihn vor ihrer Tür stehen lässt, dann aber quatschend mit mir die Treppen runtergeht. Weiß sie nicht, dass man bei jedem Gang etwas mitnimmt? Oder die Frau vor meinem Büro, die ihr Fahrrad immer so anschließt, dass ich an meines nicht rankomme. Denkt sie nie darüber nach, welche Auswirkungen ihre kleinen Aktionen haben? Ich erwarte halt viel von meinen Mitmenschen, oft mehr als sie von sich selber.

Die eigentliche Wut, die mich hier so ungehalten reden lässt, ist aber die Wut aufs System. Das klingt abstrakt und nicht greifbar, aber lasst mich hier ein paar Beispiele nennen:

Ich bin wütend darauf, dass wir als Gesellschaft in einem System leben, welches Kapital vor den Menschen stellt. Was uns und unsere Lebenszeit in Ressourcen einteilt und je nachdem wie wertvoll wir als Ressource sind oder besser gesagt gewertet werden, uns eine leichte oder schwere Zeit auf dieser Erde ermöglicht. Ein System, in dem niemand wirklich glücklich ist. In dem die, die mitbestimmen dürfen, so doll damit beschäftigt sind ihren Reichtum für sich und ihre Nachfahr*innen zu sichern, und dabei die Erde genauso ausbeuten wie ihre Arbeitskräfte. Und dann sind da die, die sowieso nie bestimmen dürfen, sondern mit dem, was ihnen übrig gelassen wird, irgendwie zurechtkommen müssen und dafür dann auch noch verachtet werden.

Ich bin wütend darüber, dass auch Kinder schon rassistische Grundannahmen weitergeben können, und Eltern immer noch davon überzeugt sind, dass das Kind an sich doch unschuldig ist. Ja, es ist nicht schuld daran, dass es denkt, dass nur Schwarze Menschen kriminell sein können, das war Oma Helga, die vorm Fernseher immer laut rassistische Bemerkungen rumschreit und nicht korrigiert wird. Der Doll Test aus den 40ern, in dem kleinen Kindern Puppen verschiedener Hautfarbe vor die Nase gesetzt wurden, hat bewiesen, dass schon die Kleinsten negative Zuschreibungen vor allem dunkleren Puppen zuordnen. Das Traurige ist, dass auch Schwarze Kinder dies tun, und somit Minderwertigkeit schon vom Kleinkindalter an verinnerlichen. Und trotzdem müssen wir immer noch beweisen, dass es Rassismus wirklich gibt ....

Ich bin wütend darüber, dass mir die Mutter eines Schwarzen Teenagersohnes schreibt, wie verzweifelt sie ist. Ihr Sohn hatte in einem Einkaufszentrum TikTok-Videos aufgenommen und wurde vom Sicherheitsdienst abgeführt und für Hausfriedensbruch angezeigt. Für TikTok-Videos! Da hat es dann wohl den Falschen getroffen, versuchte sich die Polizei rauszureden, als die Mutter auftauchte ... Nein, ein rassistisches Narrativ bei der Polizei ist der

Grund, warum so was passiert! Ich platze vor Wut bei genau diesem Punkt.

Ich bin extrem wütend darüber, dass Menschen, die keine Kinder gebären, darüber bestimmen, was mit den Körpern derer, die es tun, geschehen darf. Dass wir immer noch beweisen müssen, dass Kinderkriegen kein Synonym ist für Karriere an den Nagel hängen, und dass auf der anderen Seite Kinder großziehen, damit sie wiederum als Ressourcen für dieses schon benannte System funktionieren können, in keiner Weise gewürdigt oder wertgeschätzt wird. Das macht keinen Sinn.

So richtige Rage überkommt mich, wenn ich darüber nachdenke, dass mein Körper in diesem System nicht als wertvoll gesehen wird. Dass schon Kinder lernen, dass der Körper einer Norm zu entsprechen hat und dass die Mode-, Werbe-, Diätenindustrien uns suggerieren, dass unsere Art zu essen das Problem sei. Dass Bodyshaming beim Arzt, die kritischen Blicke, die Vorurteile mich davon abhalten regelmäßig medizinische Hilfe und Vorsorge in Anspruch zu nehmen. Als sei es eine Leistung dünn geboren worden zu sein.

Naomi Wolf schrieb 1990:

Wenn eine Kultur auf weibliche Schlankheit fixiert ist, geht es nicht um weibliche Schönheit, sondern um weibliche Unterwerfung. Diäthalten ist das wirksamste politische Sedativum der Geschichte der Frauen. Eine latent verrückte Bevölkerungsgruppe ist eine lenkbare Bevölkerungsgruppe.

Warum macht das nicht noch mehr Menschen wütend?

Ich bin alleinerziehend, meine Mutter war es auch, ich bin also sozusagen Profi. Manche kriegen Geld vererbt und ich, ich habe es geerbt auch alleine über die Runden kommen zu können. Alleinerziehend sein in diesem Land bedeutet auch, täglich mit diesem Kloß im Bauch rumzurennen. Dieser Kloß an Verzweiflung, Überlastung und ja, ihr könnt es euch denken ... WUT.

Ich werde so besteuert, als hätte ich als Alleinverdienerin auch nur die Hälfte an Kosten. Kinderlose Paare haben mehr Vorteile als ich, ich sage nur das Horrorwort »Ehegattensplitting«. Mir wird abgesprochen, dass ich ganz alleine dafür sorge, dass mein Kind irgendwann hoffentlich dazu beiträgt den Gesellschaftsvertrag (ehem.... ich meine unsere Rente) einzuhalten. Dennoch muss ich an jeder Ecke dafür kämpfen, dass ich es überhaupt möglich machen kann. Das ist doch nicht richtig. Ich werde bestraft dafür, dass ich versuche keine Hilfen in Anspruch zu nehmen. Mich möchte einfach keiner fliegen sehen ... aber wie Christina Aguilera schon sagte *They can't hold us down*.

Und letztendlich bin ich auch wütend darüber, dass ich eigentlich nicht wütend sein darf. Denn die weibliche Wut ist ein Politikum an sich. Sie macht mich unprofessionell, emotional, ja gar hysterisch. Aber das nehme ich gerne in Kauf, denn für mich ist Wut eine angemessene Reaktion auf diese Zeit.

Wut ist eine heftige körperliche Reaktion. Sie ist eine Emotion, die einen überwältigen kann und sie kann lähmend sein. Sie kann aber auch Energie geben und sie kann produktiv machen. Und für mich ist Wut ein Katalysator, eine ungeahnte Kraft, die das Unmögliche möglich machen kann. Und genau dafür bin ich froh, dass ich noch wütend bin. Denn alles andere fühlt sich an wie Apathie und dann, dann macht doch auch das Schöne keinen Spaß mehr. Also mein Appell an uns alle. Lasst uns öfter wütend sein und lasst uns diese Wut nutzen, um für uns und füreinander einzustehen. Ich bin davon überzeugt, dass es sich lohnt, denn wütende Frauen haben schon immer zu einer besseren Welt beigetragen. Ja, ihre Wut hat schon immer dazu beigetragen, dass es wirklich allen besser geht. Und wie Aline Apfelbaum in ihrem passenden Artikel so schön headlined: Wut tut gut!

Aileen Puhlmann, geborgen 1981, ist geschäftsführende Vorständin eines entwicklungspolitischen Vereins. Nebenberuflich und ehrenamtlich ist sie in verschiedenen Initiativen aktiv. 2019 gründete sie Community Kids, eine Eltern-Kind Initiative für Schwarze Eltern und Kinder. Sie ist alleinerziehend und lebt und arbeitet in Hamburg.

Rebecca Mihr

Nur Geflüchtete zweiter Klasse

Seit dem Februar dieses Jahres ploppen tagtäglich
Pushup-Nachrichten auf meinem Handy auf, die sich
um den Krieg in der Ukraine drehen. Wann immer es
dabei auch um die ukrainischen Geflüchteten geht,
muss ich an Asmaa denken. Ich habe sie im Jahr 2016
kennengelernt, nachdem sie ist mit ihrer Familie vor
dem syrischen Bürgerkrieg geflohen war. Ich habe
Asmaa immer dafür bewundert, wie sie trotz der Umstände jede Chance genutzt hat, die sich ihr bot. Es ist
bewundernswert, wie unbürokratisch ukrainischen
Geflüchteten aktuell in Deutschland und ganz Europa
geholfen wird. Menschen, die aus Kriegsgebieten fliehen suchen nach Sicherheit und Unterstützung. Und
gerade deswegen ist es richtig, dass bürokratische
Hürden beseitigt werden.

Diese Hilfsbereitschaft und Solidarität verkörpern
jedoch auch eine Form von gesellschaftlich veranker-
tem Rassismus, über die gesprochen werden muss.

Ich möchte unbedingt noch einmal betonen, dass es mir gerade nicht darum geht, das Schicksal Geflüchteter miteinander gegeneinander aufzuwiegen. Sie gegeneinander auszuspielen. Ukrainische Geflüchtete haben jegliche Unterstützung, Solidarität und Empathie verdient.

Dennoch müssen wir uns in Deutschland und Europa der Tatsache stellen, dass eine Ungleichbehandlung Geflüchteter stattfindet.

Was ist die Ursache dafür, dass ukrainischen Geflüchteten ohne große bürokratische Hürden ein Aufenthaltsrecht von bis zu drei Jahren ohne Asylantrag gewährt wird, syrische Geflüchtete hingegen mitunter Jahre warteten, bis ihr Asylantrag bearbeitet wurde?

In dieser Zeit ist es ihnen nicht einmal gestattet gewesen, ihren Aufenthaltsort innerhalb des Bundeslandes selbst zu bestimmen. Es gibt Berichte von Geflüchteten, die in schlechter ausgestattete, kleinere Unterkünfte umziehen mussten, damit ukrainische Geflüchtete in ihren ursprünglichen Unterkünften untergebracht werden können.

Die Unterscheidung zwischen Geflüchteten aus Kriegsgebieten wirft unzählige Fragen auf, sobald man sich näher damit beschäftigt.

Wie begründet man außerdem, dass ukrainische Bürgerinnen und Bürger eine sofortige Arbeitserlaubnis sowie einen Anspruch auf Sozialleistungen und die Krankenversicherung erhalten, sobald sie in Deutschland registriert werden, aber aus Afghanistan Geflohene unzählige Nachweise erbringen und Sprachkurse belegen müssen und mussten, um dann nach frühestens 15 Monaten eine uneingeschränkte Arbeitserlaubnis beantragen zu können?

Wer einmal versucht hat, die Regelungen zur Beantragung einer Arbeitserlaubnis als Asylbewerber nachzuvollziehen, weiß, dass Deutschland dem Klischee des Bürokratiedschungels dabei alle Ehre macht.

Wie kann es sein, dass der Zugang zu Hochschulen ukrainischen Geflüchteten auch ohne einen Schulabschluss ermöglicht wird, wenn das im Jahr 2015 noch unvorstellbar gewesen wäre?

Die Ungleichbehandlung endet auch nicht bei den Lebensbedingungen in Deutschland. Sie wird auch dann sichtbar, wenn wir auf die europäischen Außengrenzen blicken. Wobei sich die Frage stellt, inwiefern wir das überhaupt tun?

Wir sind offenbar in der Lage zu vergessen, dass nach wie vor Abertausende Menschen an europäischen Außengrenzen in Flüchtlingslagern sitzen. Menschen, die vor Krieg geflohen sind und auf Schutz gehofft haben. Menschen, die nun unter unwürdigen Bedingungen leben müssen, weil wir scheinbar keine

Solidarität, kein Mitgefühl mehr mit ihnen haben. Anders lässt sich die Ignoranz gegenüber diesen Schicksalen für mich nicht erklären. Man hat einfach irgendwann verdrängt, dass es diese Menschen noch immer gibt und, dass sie auf unsere Unterstützung ebenso angewiesen sind wie ukrainische Geflüchtete.

Wenn Worte fallen wie »Die Menschen aus der Ukraine, das sind echte Flüchtlinge. Die fliehen vor Krieg«, dann macht mich das sprachlos.

Wodurch zeichnet sich denn ein echter Flüchtling aus? Und wann haben wir diese Kriterien festgelegt?

Die Menschen, die aus Syrien oder Afghanistan nach Europa geflohen sind und nach wie vor fliehen, fliehen doch nicht weniger vor Krieg als die ukrainische Bevölkerung. Ganz im Gegenteil. Diese Menschen suchen genauso Schutz vor russischen Bomben. Sie riskieren ihr Leben auf der Flucht, weil in ihrem eigenen Land seit einem Jahrzehnt, ja teilweise mehreren Jahrzehnten, Krieg herrscht.

Wo liegt also der Unterschied, der ukrainische Geflüchtete zu echten Flüchtlingen macht? Welches Merkmal ist es, welches die schlechtere Behandlung anderer Kriegsflüchtlinge rechtfertigen soll?

Ist es die Hautfarbe? Die Religion? Oder doch ihre Sprache?

Es erfüllt mich mit einer solchen Wut, darüber

nachzudenken, dass wir es geschafft haben, das Leid dieser Menschen einfach auszublenden. Und es enttäuscht mich zutiefst zu realisieren, dass auch hier in Europa und Deutschland, das Leid jener Menschen weniger zu wiegen scheint, die nicht als europäisch wahrgenommen werden.

Wir müssen der Wahrheit ins Auge sehen und anerkennen, dass die Wurzel dieser Ungleichbehandlung keine andere als Rassismus ist.

Wenn es Berichte von Menschen gibt, die aufgrund ihrer Hautfarbe an der ukrainisch-polnischen Grenze im Gegensatz zu weißen Menschen aufgehalten werden, obwohl sie aus ein und derselben Situation fliehen, dann muss es einen Aufschrei der Empörung geben. Einen Aufschrei, der uns die Ungerechtigkeit in Erinnerung ruft. Und einer, der uns auch nicht vergessen lässt, dass diese Ungerechtigkeit nicht nur dort stattfindet, sondern auch hier bei uns.

Wenn sich Menschen, die vor Krieg geflohen sind, als Geflüchtete zweiter Klasse fühlen, und offensichtlich auch so behandelt werden, dann können wir nur zu einem Ergebnis kommen: Hier läuft etwas gewaltig falsch.

Wenn ich mich heute mit Asmaa unterhalte, schäme ich mich ehrlich gesagt dafür, dass sie sich in Deutschland nun als Mensch zweiter Klasse fühlt.

Sie berichtet von einer Ungleichbehandlung, die sich in alltäglichen Dingen zeigt. Busfahrten, die für ukrainische Geflüchtete heute kostenlos sind, haben sie damals bezahlen müssen. Die Mitgliedschaft im Sportverein wird heute den ukrainischen Geflüchteten kostenfrei ermöglicht. Ihr Bruder hingegen durfte vor 6 Jahren nur Fußball spielen, wenn er auch in der Lage war den Mitgliedsbeitrag zu zahlen.

Es ist nicht zu leugnen, dass auch Menschen wie Asmaa und ihrer Familie Solidarität und Unterstützung entgegengebracht wurden, als sie nach Deutschland flohen. Das möchte ich keineswegs bestreiten.

Und dennoch kann man nicht wegdiskutieren, dass Kriegsflüchtlinge eben nicht gleichbehandelt werden.

Es kann nicht sein, dass die Unterstützung, die Menschen in Not erhalten, von ihrer Hautfarbe, Religion oder Herkunft bestimmt wird. Das darf nicht sein.

Der aktuelle Umgang mit Geflüchteten zeigt uns, was alles möglich ist. Er zeigt, dass es selbst im als bürokratisch verschrienen, Regel-liebenden Deutschland schnelle und unkomplizierte Hilfe geben kann. Diese Art von Hilfe darf aber niemals nur einer bestimmten Gruppe zugutekommen. Es ist jetzt an der Zeit zu erkennen, was alles möglich gewesen wäre, um Geflüchteten aus Syrien, Afghanistan oder dem Irak zu helfen und ihre Integration zu erleichtern. Wir müssen dazu in der Lage sein, spätestens jetzt allen Geflüchteten dieselbe Hilfe und Unterstützung entgegenzubringen – egal welche Hautfarbe sie haben, woran sie glauben oder welche Sprache sie sprechen. Menschenrechte sind nicht von diesen Eigenschaften abhängig und sie dürfen es auch nie sein. Also sollten wir endlich anfangen auch so zu handeln. Die Frage nach dem richtigen Umgang mit und der notwendigen Unterstützung von Geflüchteten ist eine Frage der Menschenwürde und somit betrifft sie uns alle. Wir alle hier in Deutschland und Europa tragen eine Verantwortung dafür, dass die Menschenwürde eines jeden vor Krieg fliehenden Menschen gewahrt wird. Egal woher er kommt.

Rebecca Mihr, geboren 2004 in Kassel, besucht derzeit die 13. Klasse der Jacob-Grimm-Schule Kassel. Schon in jungen Jahren war sie politisch interessiert und möchte nach ihrem Abitur Politikwissenschaften studieren, um ihrem Interesse an Politik auch im Berufsleben nachgehen zu können.

Tara Meister

Walpurgisnacht

Drei Hexen im Reigen

Es ist das Knistern der Scheite
ein Schrei alter Zeiten
das Scheitern darin
uns in von Scham befreiten Körpern zu zeigen
und das Ausgebranntsein
vom täglich tagenden Tribunal zwischen
    unseren Beinen
Irgendwann hat jemand in einen Apfel gebissen
und heute noch haben wir daran zu knabbern

Ich beiße
Beiße mir die Zähne aus bei dem Versuch zu balan-
    cieren – die Teller und die Kinder,
die Anstellung und die fragilen Stunden dazwischen,
die zerbrechen unter dem feinen Schreien aus dem
    Kinderzimmer, nachts,

aus einem Albtraum erwacht, eine Hexe die lacht.
Zähne zusammenbeißen heißt es, weil es nichts
Schöneres gibt und kein größeres Glück
und es jedes Stück Selbstwert ist, das ich für die Kinder aufgeben muss.
Mein Selbstwert steht und fällt damit wie adrett und
frisiert,
wie nett und manierlich sie sind diese Kinder,
die ich liebe und manchmal verfluche, was kein Widerspruch ist.
Auch nicht, dass ich mich manchmal selbst vermisse,
mich suche, zwischen den Bausteinen und Plüschkissen, zwischen den Schreien und dem Schein, den
ich wahren soll.
Denn niemand darf Kinder bereuen und niemand
darf etwas anderes als sich freuen über diese
Aufgabe, egal was wir aufgeben, und dass es ein
Albtraum sein kann, kann nicht sein.
Ich habe zu lächeln ohne Zähne zu zeigen und zu
schweigen über die verzweifelten Stunden, über
die heimlichen Wünsche -
vielleicht mal wieder tanzen zu gehen, vielleicht wieder Sexualität zu leben, mir ein paar Tage freizunehmen ...
So denkt die Rabenmutter, die Hexe in mir, die mitunter wach wird in den Vollmondnächten.

Jetzt schlafen sie, die Kinder, und die Wünsche auch.
Und draußen empfangen mich die Schwestern, ich
  drücke sie fest an mich,
erinnere mich daran, wer ich bin und was mich außerdem ausmacht,
zumindest für diese Nacht.

Es ist das Knistern der Scheite
ein Schrei alter Zeiten
das Scheitern darin
uns in von Scham befreiten Körpern zu zeigen
und das Ausgebranntsein
vom täglich tagenden Tribunal zwischen
  unseren Beinen

Irgendwann hat Eva in diesen Apfel gebissen
und heute noch haben wir daran zu knabbern

Ich kaue
Kaue mir die Nägel wund auf der roten Couch im
  Wartezimmer,
auf der ich immer wieder gelandet bin, weil ich nicht
  hinnehmen will,
dass mein Körper nicht leistet, wofür er bestimmt ist.
Und dieser Frust, der bestimmt mich – finanziell und
  sexuell und graduell

verliere ich den Kontakt zu meinem Körper, der
   nicht geschafft hat, wovon jedes Kinderbuch schon
   erzählt. Es steht in jedem Blick und jeder Frage
und ich würde gerne sagen, dass es nicht meine
   Schuld ist,
dass meine Ovarien nur Bläschen schlagen, aber
   nichts hergeben, nichts Lebensfähiges entsteht
   und somit bleibt mein Uterus braches Land und
   unter uns Menschen ist Schuld so ein beliebtes
   Attribut.
Wir reproduzieren die Idee, dass uns Frauen Re-
   produktion ausmacht, und es macht mir was aus,
   ausgeschlossen zu sein von diesem Bild, und es
   macht etwas aus,
dass wir Frausein assoziieren mit Mutterwerden,
   obwohl viele das nicht sind,
nicht alle menstruieren, nicht jede Eizelle springt,
   nicht jede Frau hat einen Uterus
und nicht jedes befruchtete Ei findet den Weg.
Aber heute, heute sehe ich meine Schwestern, und
   sie drücken mich fest an sich und streicheln von
   meinen Schultern die Schuld.
Und dann entzünden wir ein Feuer.

Es ist das Knistern der Scheite
ein Schrei alter Zeiten

das Scheitern darin
uns in von Scham befreiten Körpern zu zeigen
und das Ausgebranntsein
vom täglich tagenden Tribunal zwischen unseren
   Beinen

Irgendwann hat jemand in einen vergifteten Apfel
   gebissen
und sich daran verschluckt

Ich schlucke
Ich schlucke die Pille in die vorwurfsvolle Stille hinein und sie bewegt sich ganz langsam meine Kehle
   hinab, windet sich, wie ich mich gewunden hab,
   muss vorbei an dem dicken Kloß im Hals, habe
   Angst, dass sie stecken bleibt,
ich vielleicht ersticke an dieser Entscheidung, sie
   wieder heraufwürgen muss -
aber zögernd bewegt sie sich weiter, drückt sich
   durch meinen Brustkorb, am Herz vorbei, durch
   das Zwerchfell und hinein in den leeren, dunklen
   Bauch, auf dessen Grund sich etwas eingenistet
   hat, das dort nicht bleiben kann.
Unter dem Neonlicht schlucke ich, unter dem Blick
   der Ärztin, dem Gewicht der Tage.
Alle Blicke mitgeschluckt und auf der Oberfläche der

Pille befinden sich Widerhaken, Widersprüche, die
mich innen drinnen aufreißen und –
vorbei, denke ich draußen, vorbei an den roten Am-
peln, hinab in die dunkle U-Bahn, anonym unter
Dutzenden, aber der Körper bleibt ihnen ausgelie-
fert,
den Bemessungen und Wertungen, Erwartungen und
Besitzansprüchen
und durch die Tunnel unter der Stadt fahre ich, die
sich winden wie Gedärme, mich verdauen und
ausscheiden an trüben Haltestellen, mit Essensres-
ten in Taubenschnäbeln
und ausgefransten Plakaten zu großen Spektakeln.
Verdaut verlasse ich die Stadt, fahre weiter, an den
Einfamilienhäusern und Vorgärten vorbei, den
Gartenzwergen, den Berg hinauf und dort endlich
ist es licht und still
und aus dem Wald treten meine Schwestern, begrü-
ßen mich, drücken mich so fest an sich, dass ich
wieder weiß, wo mein eigener Körper anfängt und
dass er mir gehört.

Und wir tanzen

Wir tanzen mit heißen Körpern und kochendem
Blut

und schütteln die Scham aus den Worten, die uns
  beschreiben sollen.
Tanzen bis sich das ganze Narrativ löst, springen
  über lodernde Flammen, schütteln all die Asche
  ab, eure Asche auf unserem Haupt.
Wir sind gebrandmarkt von der Idee, unsere
  Reproduktivität wäre allgemeines Gut,
unsere Identität Produkt eurer Körperpolitik,
und über Jahrhunderte hinweg sind wir die Hexen
  von damals.
Unsere Macht über Fortpflanzung hat Angst gemacht, es hat euch was ausgemacht,
dass wir verhüteten und verhinderten, was nicht
  tragbar war,
dass wir unsere Geheimnisse hüteten und nicht alles
  ertragen, ausgetragen haben.
Und fortgepflanzt hat sich die Gewissheit, dass uns
  niemand an den Pranger stellen darf,
nicht für eine beendete Schwangerschaft, nicht
  für Promiskuität, nicht für Kinderlosigkeit, nicht
  dafür, dass eine Frau für sich steht, unabhängig
  davon, was in ihrem Becken abgeht.
Jetzt winden sich die Becken im Tanz und gehören
  nur uns.
Wir drehen uns im Kreis
Wir bluten frei

Wir tanzen
Wir brannten für Selbstbestimmung
Wir brennen für unsere Selbstbestimmung, für die
Freiheit zu entscheiden.
Was bleibt ist das Knistern der Scheite, ein Schrei
durch die Zeiten und irgendwann
werden wir uns aus der alten Asche erheben
und Frausein frei von Beschämung leben

und bis dahin bleibt jede Nacht *Walpurgisnacht*

Tara Meister, geboren 1997, studierte Humanmedizin
in Wien und aktuell Literarisches Schreiben am
Deutschen Literaturinstitut Leipzig. Sie engagiert sich
seit mehreren Jahren im Bereich Sexuelle Bildung
und Reproduktive Rechte.

Daniela Dietz

Egoismus sticht Weltschmerzgejaule

Was soll das hier werden? Eine Rede über meinen Weltschmerz? Darüber, wie verzweifelt ich nach der Bundestagswahl letztes Jahr war? Wie verblüfft, dass niemand oder viel zu wenige die Parteien gewählt haben, die die Klimakatastrophe vielleicht noch hätten stoppen können? Dass niemand auf irgendwas verzichten will, verstehe ich ja gut, geht mir genauso. Dass die da oben jetzt an der Reihe sind, etwas Bahnbrechendes, etwas Disruptives zu tun – ja, sehe ich auch so. Aber dann muss ich die da oben doch auch so wählen, dass es diejenigen sind, die etwas Disruptives TUN wollen.

Aber will ich darüber heute reden?

Oder darüber, wie schrecklich überfordert ich mich in dieser Welt fühle, die so komplex geworden ist, in der so viele schlimme Dinge passieren, und in der ich gleichzeitig immer noch eine so unfassbar privilegierte Position habe? Eine Position, die mich doch im Prinzip dazu verpflichtet, anderen Menschen in schlechteren Positionen zu helfen, oder? Will ich darüber reden, wie mich diese empfundene Verantwortung oft zu erdrücken scheint? Gepaart mit der Hoffnungslosigkeit, dass ich kleines Rädchen doch eh nix ändern kann?

Wäre das eine Rede, der man gerne zuhört? Die einem etwas gibt?

Es wäre auf jeden Fall keine ungehaltene Rede, denn all das pfeifen die Spatzen vom Dach. Dieses Erdrücktfühlen von einer empfundenen Verantwortung – das geht vielen in meinem Umfeld so und keiner weiß eine Lösung. Jaja, im Kleinen können wir alle was bewegen und das sollten wir auch tun ... blablabla, weiß ich. Geht mir auf die Nerven. Denn ein bisschen trotzig werde ich da auch: Warum sollte ich langsam Auto fahren oder teures Bio-Fleisch kaufen und es seltener essen, als ich Lust darauf habe, wenn ich mich damit wie Donna Quichote fühle? Wenn es immer mehr Sachen geben wird, die ich irgendwie falsch mache, als Dinge, die ich richtig machen kann? Gerade dieses »im Kleinen kämpfen« – das löst doch diesen Frust in vielen von uns aus, denn es bringt gefühlt gar nichts. Ich verzichte, während viele andere Menschen, ganze Industrien, ganze Nationen, so leben, als gäbe es kein Morgen, als wäre die Klimakatastrophe eben nur ein kleiner, niedlicher Klimawandel und wer anderes sagt, sei hysterisch.

Eine Rede über all das – nein. Das können andere besser und ich persönlich könnte nichts wirklich Neues beitragen. Im letzten Jahr hatte ich wegen all dem eine handfeste Lebenskrise – in der und aus der ich einen Weg gefunden habe. Darüber will ich jetzt reden.

Ich lehne ab sofort die Verantwortung für das große Ganze ab. Ja, ich wähle weiterhin die, denen ich zutraue, dass ihnen der Planet und unsere Zukunft ähnlich wichtig sind wie mir und vertraue darauf, dass sie dann auch was machen. Ja, ich gehe mit auf die Straße, um zu zeigen, dass ich mit der aktuellen Politik nicht einverstanden bin.

Aber abgesehen davon – mache. ich. mein. Ding.

Ich kümmere mich einfach um mich und um meine kleine Welt.

Aber das mache ich dafür richtig.

Genug damit, über den Weltschmerz zu jammern und mit meinem Kummer mein Familienleben und meine Freundschaften zu belasten.
Genug damit, Panik vor der Klimakatastrophe zu haben und darüber den akuten Schmerz meiner Tochter nicht zu sehen, die sich mit ihrer besten Freundin gestritten hat.
Genug damit, mich über SUV-Fahrer zu erheben, die in meinen Augen verantwortungslos gegenüber der Umwelt handeln, wenn ich selbst die Penny-Kassiererin oder die Bedienung im Restaurant nicht wertschätzend genug behandele.

Ich erkenne an, dass ICH die Welt nicht retten kann.

Ich lenke meinen Fokus auf das, was ich ändern kann. Und beschließe, fortan all mein Streben, all meine Kraft genau dahinein zu stecken. Ich werde keine weitere Kraft damit vergeuden, mich über das zu grämen, was eben nicht in meiner Macht steht.

Esse ich dann jetzt auch wieder Discounter-Fleisch und lege mir einen SUV zu? Nein. Tue ich das nicht, weil ich denke, dass es die Klimakatastrophe aufhält?

Ich denke, dass jede Minute, die wir den Point of no return hinauszögern, eine gewonnene Minute ist, ja. Und dass jedes Schnitzel, das ich nicht esse, eine Mikrosekunde beitragen kann. Also ja, ich verhalte mich so, wie ich es logisch und sinnvoll finde und so, dass ich meiner Tochter ein Vorbild sein kann. Sie wird alles besser machen als ich, das weiß ich und ja, sie wird mich in ein paar Jahren entgeistert und vorwurfsvoll anschauen, wie wir alle unseren Kindern so eine Scheiße hinterlassen konnten. Aber vielleicht wird sie ein kleines bisschen milder gestimmt sein, wenn sie an die paar Dinge denkt, die ich ihr vorgelebt habe. Und ich muss mich ein kleines bisschen weniger vor ihr schämen.

Aber abgesehen davon bin ich raus aus dem großen Ganzen. Und Konfuzius gibt mir recht. Er sagte:

Die Menschen des Altertums, die dem ganzen Reich der Mitte ein Beispiel der Tugend sein wollten, brachten zuerst ihr eigenes Fürstentum in Ordnung. Wollten sie ihr Fürstentum in Ordnung bringen, so ordneten sie zuerst ihre Familie. Wollten sie ihre Familie ordnen, so kultivierten sie zuerst ihren Charakter. Wollten sie ihren Charakter kultivieren, so läuterten sie zuerst ihr Herz.

Ich KANN gar nicht mit der großen weiten Welt, mit dem ganzen *Reich* anfangen, wenn ich etwas ändern will. Erst mal muss alles in mir und in meiner kleinen Welt stimmen, muss ich mit mir im Reinen sein, muss ich mit meiner Familie, meinen liebsten Menschen, gut umgehen, bevor ich die große Welt verändern will.

Damit entbinde ich übrigens nicht »die da oben« von ihrer Verantwortung. Die da oben stehen weiterhin in der Pflicht, die großen Entscheidungen zu treffen, die richtigen Entscheidungen zu treffen, die notwendigen Gesetze zu erlassen, die tiefgreifenden ökonomischen und gesellschaftlichen Veränderungen einzuleiten.

Ich entlasse aber mich aus der Rolle des passiven Opfers, aus der Rolle derjenigen, die ja mit ihrem Verhalten eh zu wenig bewirkt. Ich mache meinen Frieden damit, dass ich etwas so Gigantisches wie die Klimakatastrophe nicht aufhalten kann. Keine Kriege verhindern kann. Rassismus beenden kann. Die Gleichberechtigung zwischen allen Geschlechtern zur Normalität machen kann. Pandemien vermeiden kann.

Aber ich nehme die Verantwortung an, mich um mein Herz zu kümmern. Um meinen Charakter. Um meine Familie. Das kann ich! Klar schwebt mir im Hinterkopf der Gedanke: »Und wenn das jeder, jede machen würde, dann wäre doch alles auf diesem Planeten in Ordnung.« Stimmt natürlich nicht unbedingt, denn jede:r kümmert sich um sein Herz, seinen Charakter und seine Familie auf die Art, die er oder sie für richtig hält, die den eigenen Werten entspricht und der eigenen Prägung. Bei dem einen oder anderen kommen noch die Religion oder andere Weltanschauungen ins Spiel und können als Verzerrspiegel dienen, in dem sie klar und deutlich zu erkennen glauben, dass beispielsweise Frauen dem Mann untertan, ja, gar sein Eigentum sind ... und dann reden wir von einer ganz anderen Art Herz, Charakter und Familie als das, was mir so vorschwebt.

Und dennoch: Es geht um mich. Es ist mein Leben. Mein Herz. Mein Charakter. Meine Familie. Das ist mein Wirkungskreis, der Bereich, in dem ich wirklich etwas ändern kann. Es nicht zu tun, weil eh das große Ganze hoffnungslos ist, wäre dumm und feige. Und bequem. Denn klar fühlt es sich manchmal dämlich an, sich selbst zu optimieren, an den eigenen Fehlern und Charakterschwächen zu arbeiten, sich weiterzuentwickeln, wenn um einen herum die Welt in gedankenloser Partylaune zu sein scheint. Aber das gehört zu meinen Zielen dazu: Die anderen anders sein zu lassen. Ohne mich über sie zu erheben oder sie geringer zu schätzen. Jede:r ist für sein, für ihr Leben verantwortlich.

Wenn ich also jetzt mit Sorgen, manchmal auch mit Angst in die mittlere und fernere Zukunft schaue, dann erinnere ich mich daran. An das, was ich ändern kann. Wie ich sein will. Wie ich mich als Daniela entwickeln will. Wer ich für mich, für meine Tochter, für meinen Mann, für meine Familie und meine Freundinnen sein möchte. Wer ich für meine Kund:innen sein möchte. Für die Menschen, die ich mit meinen ehrenamtlichen Tätigkeiten unterstütze. Für die Kassiererin an der Penny-Kasse und die Bedienung im Restaurant.

Ich arbeite daran, mich offen und ungefiltert mitzuteilen und dabei wertschätzend und liebevoll zu bleiben.

Ich arbeite daran, die Schönheit des Lebens in jedem Tag zu finden und zu feiern.

Ich arbeite daran, das Leben und jeden einzelnen Moment zu genießen.

Ich arbeite daran, großzügig zu sein auf allen denkbaren Ebenen.

Ich arbeite daran, so viel wie möglich zu lieben und diese Liebe zu verschenken.

Ich kann einen Unterschied machen. In mir. Bei mir. Um mich herum. Wenn ich all meine Kraft darauf konzentriere, wird die Welt in mir und in meinem nächsten Umfeld ein kleines bisschen besser. Dafür übernehme ich Verantwortung. Darauf fokussiere ich mich und verliere mich nicht im Weltschmerz. Kannst gerne mitmachen!

Daniela Dietz, geboren 1976 in Frankfurt, ist freie Rednerin für Trauer- und Hochzeitsfeiern sowie Sprecherin für eLearnings und Hörbücher. #spracheberührt

Erika Mohs

Ein jahrtausendealtes Klagelied

Sehr geehrte Damen und Herren!

Ich heiße Erika Mohs. Ich lebe in Kassel und gehöre zu dem Brückner-Kühner Freundeskreis, der sich bemüht, das Dichterhäuschen, in dem beide Autoren dreißig Jahre lang lebten und arbeiteten, zu bewahren.

ICH MÖCHTE HEUTE ÜBER DEN TOD SPRECHEN:

EINERSEITS über den natürlichen Tod am Ende eines langen Lebens, zum Beispiel über meinen Tod und ANDERERSEITS über den gewaltsamen Tod, den der Mensch dem Menschen antut in Kriegen, Verbrechen, Wahnsinnstaten. Der gewaltsame Tod bringt mich zur Verzweiflung, und darum will ich über ihn reden.
ALSO ALS ERSTES: DER NATÜRLICHE TOD:

Ich bin 81 Jahre und denke oft an meinen Tod. DAS DENKEN AN DEN TOD am Ende des Lebens ist eine würdige Sache für eine alte Frau und es schreckt oder ängstigt mich überhaupt nicht. Ungehalten macht mich nur, dass der Tod ein Tabuthema ist, dass man nicht wie über etwas Selbstverständliches über ihn reden kann.

IMMER SCHON habe ich an den Tod gedacht, immer schon hatte ich ihn vor Augen. Viele Beispiele könnte ich da erzählen. Warum ist das so?, frage ich mich. Warum denke ich beim Zuschnüren meiner Schuhe an den Tod?

VIELLEICHT, weil ich ein Kriegskind bin, im Mai 1941 geboren. Viele Nächte meiner ersten Lebensjahre verbrachte ich mit Mutter und Bruder in Hamburger Luftschutzbunkern. Dann die Flucht aus dem brennenden Hamburg in die Evakuierung und wieder Flucht im März 1945, weil die Russen kamen. Nach Flüchtlingslager und Diphterie kamen wir endlich im September 45 zurück in das zerbombte Hamburg, zurück zum Vater, der dort ausgehalten hatte. Und dann kamen die »Hungerjahre«. Liebe Christine Brückner, – an dieser Stelle grüße ich Sie. SIE WISSEN, wovon ich rede, wenn ich »Hungerjahre« sage und »zerbombte Stadt«.

IMMER SCHON HABE ICH AN DEN TOD GEDACHT. ICH WEISS, WENN ICH DARAN DENKE, DASS MEIN LEBEN EIN ENDE, EIN ZIEL HAT, WERDEN MEINE TAGE SINNVOLLER, SCHÖNER UND KOSTBARER. DIE MENSCHEN FRÜHER WUSSTEN DAS. IN DIE AUSSTEUERTRUHE EINER BRAUT GEHÖRTE DAS STERBEHEMD.

ICH WILL DEM TOD INS AUGE BLICKEN. Ich will mein Leben im Angesicht des Todes so gut führen, wie ich kann – mit Liebe, mit Dankbarkeit, mit Verantwortung für mein Tun und Lassen. Ich will MICH REISEFERTIG halten.

Es ist ja ungewiss, wo mich der Tod erwartet, also erwarte ich ihn überall und akzeptiere ihn, wenn er kommt.

GANZ ANDERS IST ES MIT DEM GEWALTSAMEN TOD, ALSO DEM TOD, DEN DER MENSCH DEM MENSCHEN ANTUT – IN KRIEGEN UND KATASTROPHEN, BEI VERBRECHEN UND AMOKLÄUFEN. DIESEN TOD KANN UND WILL ICH NIEMALS AKZEPTIEREN.

ALSO ZWEITENS: DER GEWALTSAME TOD:

Natürlich ist in diesem Jahr der erste Gedanke: KRIEG IN DER UKRAINE!

Gewaltsamer Tod findet nun täglich statt – gleich nebenan.

Alle alten Leute denken an die Kriegsjahre 39 bis 45 und ich natürlich auch. Aber ich denke noch an etwas anderes und davon will ich erzählen.

ICH DENKE AN DIE UKRAINE AM 26. APRIL 1986, ICH DENKE AN DIE TSCHERNOBYL-KATASTROPHE.

JA – die geschah AUCH IN DER UKRAINE, damals noch Sowjetunion.

Ganz im Norden der Ukraine an der Grenze zu Belarus stand das AKW Tschernobyl. BLOCK 4 WAR EXPLODIERT. Ein Albtraum. Gewaltsamer Tod durch radioaktive Verstrahlung.

Tausende junger Soldaten und Bergarbeiter wurden ungeschützt auf den Reaktor und in die verstrahlten Dörfer kommandiert. Sie starben und wurden in Zinksärgen bestattet, weil sie so sehr strahlten.

Dieser unheimliche, gewalttätige Strahlentod, verursacht durch Hybris und Technikwahn, der brachte mich damals zur Verzweiflung. Ich fühlte mich umzingelt von Atomkraftwerken und sah keine Zukunft mehr für meine Familie und für die Menschheit.

Darum gründete ich mit anderen Frauen zusammen den Verein »Frauen nach Tschernobyl«. Gleich nach dem Fall des Eisernen Vorhangs fuhren wir nach

172

Weißrussland in die verstrahlten Dörfer und luden kranke Kinder ein, sich bei uns zu erholen.

Was habe ich auf meinen 16 Reisen nach Belarus und Russland alles gesehen, was habe ich alles gelernt und begriffen!

Zum Beispiel Folgendes:

1. Die jungen sowjetischen Bergleute gruben das Grundwasser unter dem Reaktor ab und leiteten es um, damit es nicht mit dem glühenden Reaktorkern zusammenstieß. Das gelang ihnen und sie verhinderten dadurch eine zweite viel schlimmere Explosion. Dass diese zweite Explosion, die auch Deutschland verwüstet hätte, nicht geschah, das haben wir den jungen Bergleuten zu verdanken. Sie starben einen qualvollen Strahlentod und wurden heimlich begraben. (Auch nachzulesen in dem Buch der Nobelpreisträgerin Swetlana Alexijewitsch: »Tschernobyl, eine Chronik der Zukunft«.) Es ist mir wichtig, das zu erzählen.

2. Ein anderes Beispiel: In der onkologischen Klinik von Borowlani, nahe der Hauptstadt Minsk, gab es eine neu eröffnete Kinderstation mit 60 neuen Betten, in denen nur Kinder mit Schilddrüsenkrebs

behandelt wurden. Ich besuchte die Klinik 1995 und fragte einen Jungen: »Was möchtest du denn einmal werden?« »Ich möchte erwachsen werden«, sagte er. Sechzig strahlenkranke Kinder – ohne Haare – auf den Fluren, in den Betten! Wie soll man das aushalten?

Auf diesen Reisen nach Belarus und Russland wurde ich aber auch immer unbarmherziger mit der Nase AUF LÄNGST VERGANGENES gestoßen, auf das, was »Nazideutschland« im 2. Weltkrieg angerichtet hatte.

GEWALTSAMER TOD in unvorstellbarem Ausmaß, überall Mord, Vernichtung, Verbrechen.

In der Nähe von Minsk gibt es die Gedenkstätte Chatyn. Dort ließ die sowjetische Führung 1969 ein Mahnmal errichten für die über fünftausend weißrussischen Dörfer, die die Deutschen im 2. Weltkrieg zerstörten.

Unzählige Schornsteine stehen auf der Gedenkstätte – jeder Schornstein für ein Dorf. In den Schornsteinen sind Glocken aufgehängt, die leise läuten, wenn der Wind weht.

Und dann weiter wie im Manuskript:

Ich kann nicht sagen, wie sehr ich mich dort schämte, eine Deutsche zu sein, wie sehr ich mich schämte, dass ich das alles nicht wusste.

Nein, das lernte man nicht in der Schule. Die Lehrer wussten es ja selber nicht. Über die deutschen Kriegsverbrechen wurde jahrzehntelang geschwiegen. Erst 1995 brach die Ausstellung »Vernichtungskrieg und Verbrechen der Wehrmacht von 1941 bis 44« von Jan Philipp Reemstma das Schweigen und zeigte das, was ich gerade gesehen hatte.

Ja, und während ich dies heute erzähle, werden in der Ukraine wieder neue Kriegsverbrechen begangen, in Deutschland wird über die Verlängerung der Laufzeiten der letzten drei AKWs nachgedacht und der vielköpfigen Hydra Antisemitismus wachsen wieder neue Köpfe nach. Da kann man ja wohl ungehalten sein! Ach was: Verzweifelt, unglücklich, erschüttert.

Wenn ich von so einer Reise nach Hause kam, begrüßte mich mein Mann mit einer heißen Suppe und einem Gedicht. Ich erzählte ihm alles und war unendlich dankbar für unser Leben ohne Gewalt, ohne Krieg, ohne Verstrahlung. Ich hatte begriffen, DASS DAS DIE GROSSE AUSNAHME IST UND DASS ICH ÜBERHAUPT KEINEN GRUND HATTE ZU VERZWEIFELN.

Und während ich die heiße Suppe löffelte und das Gedicht las, bekam ich wieder neue Hoffnung, wieder neue Kraft und fuhr wieder nach Belarus.

Ich hatte auch begriffen, dass es KEINE Heldentat

war, belarussische Kinder einzuladen, sondern dass es eine Heldentat der weißrussischen Mütter war, uns, DEN DEUTSCHEN, ihre Kinder anzuvertrauen. So etwas kann man nur vor Ort begreifen.

UND JETZT KAM DER 24. FEBRUAR 2022. KRIEG IN DER UKRAINE!

Söhne, Väter und Brüder auf beiden Seiten zogen in den Krieg.

Das könnten meine drei Söhne sein, dachte ich, und das Herz krampfte sich in mir zusammen. Wie viele russische Schüler und Studenten kenne ich! Ob sie noch leben? Sind sie einberufen? Sind sie geflohen? Die Kontakte sind abgebrochen.

Wie jede Mutter auf der Welt weiß ich, was es heißt, ein Kind auszutragen, zu gebären und großzuziehen! Wie viel Liebe, Geduld, Freude und Angst Tag für Tag und Jahr für Jahr! Aber kaum sind die Jungs groß, DA MÜSSEN SIE IN DEN KRIEG!

EIN SCHUSS – UND ALLES IST VORBEI.

EIN SCHUSS – und die lustigen, begabten, sportlichen, sensiblen Jungs liegen da in ihrem Blut und nichts, nichts, nichts an ihnen ist mehr lebendig – alles ist dahin. Was für ein Wahnsinn!

DOCH GEWALTSAMER TOD GEHT AUCH OHNE KRIEG:

EIN SCHUSS – und Walter Lübcke liegt tot auf seiner Terrasse in Istha.

EIN SCHUSS – und Halit Yosgat liegt tot in seinem Internet-Café in Kassel.

(Sie merken, ich wohne in Kassel.)

Warum machen das die Menschen seit Anbeginn der Menschheit? Warum? Warum erschlägt Kain seinen Bruder Abel?

Warum erschießt ein junger Mann neunzehn Schulkinder? Warum sind es hauptsächlich Männer, die es tun?

MIT ALLEN FRAUEN UND MÜTTERN, MIT ALLEN MENSCHEN DER WELT WILL ICH KLAGEN, WILL ICH SCHREIEN:

LASST AB! HÖRT AUF! SOFORT! STOP THE KILLINGS! STOP THE WAR! LADET NICHT DIESE FURCHTBARE SCHULD AUF EUCH. WIR DEUTSCHEN, WIR KENNEN DIESE SCHULD!

DER TOD IST EIN MEISTER AUS DEUTSCHLAND.

GENAU WIE ICH MICH NOCH HEUTE SCHÄME, WERDEN SICH EURE KINDER FÜR EUCH SCHÄMEN! EIN LEBEN LANG!

SO IST MEINE REDE NUN EINE ARCHAISCHE, LAUTE,

VERZWEIFELTE KLAGE GEWORDEN, EIN KLAGEGE-
SCHREI VON EINEM ALTEN KLAGEWEIB. EIN JAHR-
TAUSENDEALTES KLAGELIED ÜBER DES MENSCHEN
SCHULD, ÜBER DES MENSCHEN SÜNDE UND ÜBER DEN
VERFLUCHTEN GEWALTSAMEN TOD!

DAS WOLLTE ICH HEUTE SAGEN. VIELEN DANK.

Erika Mohs, geboren 1941, ist in Hamburg aufgewach-
sen. Nach dem Studium (Germanistik und Musik)
arbeitete sie als Lehrerin und Sängerin. Seit 1986
Engagement im Verein »Frauen nach Tschernobyl«
(Kindereinladungen, 16 Reisen in das verstrahlte
Gebiet).
Als pensionierte Lehrerin lebt sie in Kassel und ist
im »Freundeskreis Brückner-Kühner« aktiv.

Hannah-Sofie Schäfer

Passiv und Aktiv. Ein Gesicht aufsetzen

0

Ich beginne mit einem vier- oder fünfjährigen Mädchen, das hinter den großen schwarzen Mülltonnen im Hof eines saarländischen Kindergartens von ihrem besten Freund, in den sie verliebt ist, vor die Wahl gestellt wird, entweder seinen besten Freund zu küssen oder auf den Mond getreten zu werden. Das Mädchen, das sich selbst eher als Jungen sieht, das sich auch prügelt, und zwar gern, hat Angst vor dem Tritt, der es auf den Mond befördert. Also verstummt die Szene. Und der Kuss verschwindet aus seinem Gedächtnis. Nicht so die Szene und auch nicht das Verlassen der Toiletten mit dem Freund und der Verwundung.

I

Im antiken griechischen, im chinesischen, im japanischen No-Theater sowie in der Comedia dell'arte setzten Schauspieler Gesichter auf. Sie verkörperten

Figuren, Männer, Frauen usw. Die Masken hatten hier die Funktion der Identitätsgebung.

Schauspieler*innen müssen auch heute beim Maskenspiel darauf achten, dass man das Aufsetzen der Maske jenseits wacher Publikumsblicke durchführt, dass das Publikum den Hinterkopf nicht sieht, dass das Publikum die Stimme des Menschen hinter der Maske nicht hört. Dass man die Illusion unterstützt. Die Figur.

Auch im Alltag tragen wir, Normalsterbliche, Masken, um uns und unsere Mitmenschen vor Infektionen zu schützen.

Die Maske kann also gleichzeitig Identität und Schutz spenden. Merken wir uns das.

II

Ich fahre fort mit dem neun- bis zwölfjährigen Mädchen. In seiner Freizeit zieht es Masken an, die ihr Rollennamen geben. Sie spielt Theater. Sie ist Räuber, Taube, Zwerg, Tybalt, Helena und alles, was sie sich ausdenken kann. In ihrer Schulzeit zieht sie eine Maske auf, als ihre beste Freundin ihr die romantischen Gefühle zu dem einen Jungen offenbart, den unsere Hauptfigur auch gut findet. Unsere Hauptfigur hat allerdings schon gelernt, dass sie ein Mädchen ist. Dass Mädchen sich nicht prügeln, dünn sind und die

Klappe halten. All das ist sie nicht. Also hat unsere Hauptfigur ein Problem. Sie spürt diese Zuneigung von innen. Sie spürt diese Abneigung von außen. Sie setzt diese Maske auf. Dieses Gesicht. Dieses Okay. Unsere Hauptfigur kann gut Theater spielen.

III

Ich stehe zwischen Schauspieler*innen im Innenhof eines Theaters, während diese sich über ihre Erfolge unterhalten. Ich kann nichts beisteuern außer »Ich mache gerade mein Referendariat«. Die anderen Dinge, wie schreiben, Kunst, Performance, Ehrenamt, die kommen mir nicht ins Gehirn. Es dauert zu lange, es alles zu erzählen. Ich möchte mich nicht in den Mittelpunkt drängen. Auch jetzt ist in mir diese Angst, das, was ich erzähle und wie ich es erzähle, das passt schon wieder nicht hier rein, der Bezugsrahmen fehlt und ich stehle einer anderen Frau die Bühne, die Zeit. Aber meine Geschichte ist deine.

Ich lächle.

Ich lächle, während ich die anderen meine Ergebnisse übergehen lasse. Und ich gehe zur Theke und Dinge sind etwas wert, wenn du ihnen einen Wert gibst. Dir.

IV

Aufgrund eines erhöhten BMI und durch die Ablehnung männlicher Schulfreunde hat unsere Hauptfigur
mit dreizehn Jahren im Rahmen eines Schulprakti-
kums an einem Stadttheater, bei dem sie viele ausge-
bildete Schauspielerinnen und Balletttänzerinnen vor
der Nase hat, beschlossen, mit einer Zahnbürste am
Zäpfchen komme sie ihrem Ziel »Schauspielschule«
durch die Reduktion des Eigengewichtes näher. Wenn
unsere Hauptfigur von etwas überzeugt ist, handelt
sie aggressiv und effektiv. Innerhalb eines Monats
wiegt sie statt 62, 51 Kilo. Ihre Periode bleibt aus. Sie
findet das gut. Ein Problem weniger. Karriere. Etwas
tun. Arbeiten. Handeln.

Bullemia turned into anorexia. Sprachwechsel eine
Maske mehr. Schließlich stammt unsere Hauptfigur
aus der Unterhaltungsbranche.

V

Die Sache mit der Magersucht ist die, dass Kontrolle
alles ist. Spaß führt zu Kontrollverlust, zu Fettleibig-
keit, zu unbeschreiblich Bösem. Nachts.

Die Sache mit der Schauspielschule ist die: der Stun-
denplan erfordert hohe Disziplin und körperliche
Stärke.

Die Sache mit der Schauspielerei ist: Es geht um die

Verkörperung einer anderen Figur, ihre Gefühle, ihren Ausdruck.

In der Liebe spürst du die Zuneigung und drückst diese Gefühle aus. Zu einer anderen Person. Und zu dir selbst.

Die Sache mit der Magersucht ist die: Sie lässt dich kraftlos niedersinken und gleichzeitig hochenergetisch handeln und schaffen und tun, um den Status quo zu erhalten und ein Ziel zu erreichen.

VI

Unsere Hauptfigur setzt mit dreizehn Jahren ein Gesicht auf. Dieses Gesicht bewahrt sie vor Hungerattacken, Fragen nach Wohlergehen und Anzeichen der Zuneigung, Anzeichen der Trauer, Anzeichen der Wut, Anzeichen des Verlusts, des Gefühls.

Unsere Hauptfigur trägt ein neues Ich auf dem Gesicht, das sie von dem trennt, was sie mit vier oder fünf Jahren hinter den Mülltonnen war. Sie hat einen Körperbau, der allen weiblichen Attributen entbehrt. Er ist trotzdem auf eine Identifikation des weiblichen, auf das männliche Sehschema zugeschnitten. In Handlung, Sprache, Bewegung.

Es ist okay. Es ist okay. Es ist. Okay.

Unsere Hauptfigur erhält plötzlich Zuspruch. Und ein Mann steht für sie ein und sagt

»Du. Du bist es, die ich will.« Unsere Hauptfigur lässt sich ein. Auf Jungen nach Jungen folgt Mann und sie gleitet. Die Entdeckung der eigenen Sexualität könnte schön sein, doch die Reduktion auf diese durch Lebenspartner vergrößert den Zwist, zwischen Maskulin, Feminin, richtig und falsch und dem Körper, der keine Kinder kriegen kann, Gott sei Dank, weil er sich dann verformen könnte und wir nie wieder zum Ausgangspunkt zurückkommen. Gott sei Dank funktioniert sie nicht so. Oder doch zu gut? In dieser Beziehung? Sagt unsere Hauptfigur »Nein«, reagiert der Partner mit körperlichem Schmerz und Manipulation. Manche Männer nutzen den Liebesentzug als Strafe. Sie gewinnen sexuelle Hörigkeit. Die Maske verändert sich. Verzerrt sich zwischen »Es ist okay« zu »I am what you see«. Kurze Phasen der Selbstermächtigung lassen unsere Hauptfigur aus der Struktur ausbrechen. Und von sich selbst nicht mehr in der dritten Person sprechen. Ich setze diese Maske nun ab.

VII

Ich habe gelernt, niemanden zu verletzen. Mit meinen Taten Gutes zu tun. Doch wenn ich mich selbst verweigere, dann erfahre ich Abweisung. Wenn ich für mich selbst einstehe, erfahre ich Distanz derer, die ich liebe. Also lasse ich es. Ich spiele weiter. Es ist okay. Es ist okay. Und ich arbeite. Ich gehe vorsprechen und arbeite hart, um dem Bild einer dünnen, »schönen« Frau zu entsprechen, die alles kann. Die alles gibt. Die Maske bleibt unten. Im Alltag. Doch ich setze sie auf. Jedes Mal, wenn ich die Bühne der Schauspielschulen betrete, um zu zeigen, wer ich bin. Heute gehe ich mit meiner Mutter oft diese Situationen durch. Und ich sage, »Ich wollte Ihnen nicht zeigen, wer ich im Inneren bin. Ich wollte mich schützen.«

Die Bühne ist überall. Ich hänge auf der Bühne und ich strample durch die Welt und ich spiele weiter, als mein Lieblingsmensch mir sagt, ich solle mit anderen Männern Erfahrungen machen. Ich lächle. Ich spiele weiter, als ich von einer Handvoll Männern vergewaltigt werde. Ich habe Angst, nein zu sagen. Du kannst doch Ju-Jutsu. Ich habe Angst. Ich spiele weiter, als mein Großvater am nächsten Tag Geburtstag hat und ich mit meiner Familie am Tisch sitze, einer Familie, die für sich selbst einsteht und den Mund aufmacht, einer Mutter, die Feministin ist, einem Vater, der stolz auf sein mündiges Kind ist, einem Großvater, der stolz auf die starke Enkelin ist, eine Großmutter, die mir ein Stück Kuchen anbietet, ich müsse essen, essen, essen. Ich möchte kotzen. Ich lächle weiter, als mein Lieblingsmensch nahekommt, mich danach ignoriert, es sei normal, es ist okay, ich lächle auf dem Heimweg, als ich Sperma im Nacken fühle, obwohl ich mit meinem Gesicht »Nein« sage und er mir das Gesicht überstülpt. Ich weine, aber ich lächle mit diesem kühlen Blick, der weiß und diesen leicht gehobenen Mundwinkeln. Ich lächle, weil ich Sex eigentlich liebe. Ich lächle in dieser Rolle, die ich nicht loswerde. In der ich mich stumm beschuldige und den Mund halte und Witze darüber reiße, was mir passiert. Wir lachen gemeinsam über die neue lustige Hannah, der nur Scheiß passiert. Die neue Hannah, die zum Joke der Partys geworden ist, wenn ihre Freunde vier Finger nach oben halten und aus ihrer Vergewaltigung einen Scherz machen. Ich lache. Aus Angst vor Einsamkeit. So schnell rutsch ich ins OKAY, wenn ihr mich übergeht, ignoriert, die Lauten auswählt, denn für Hannah ist ja alles schon okay, die hält das aus. Die ist stark, die macht das schon. Die hält das aus. Und ich entgleite mir selbst. Was willst du eigentlich in deinem Leben? Ich weiß es nicht. Sag du es mir.

VIII

Ich bemühe mich, meine Maske sinken zu lassen. Die Mundwinkel sinken immer öfter nach unten. Ich lächele nicht mehr, als ich einem Partner von dem Vorfall erzähle und er eher aggressiv auf die Tatsache reagiert, dass ihn das Bild von anderen Männern mit seinem Mädchen eifersüchtig macht und wie ich das nur zulassen könnte. Ich lächle nicht, beim Versuch mich an ihre Gesichter zu erinnern, und diese, aber durch meine eigene Schuldigsprechung nicht direkt zur Polizei gegangen zu sein, verschwimmen. Ich lächle nicht, als ich erkenne, dass mir an einem Abend in meiner Lieblingskneipe KO-Tropfen verabreicht wurden. Und die Tätergesichter verschwimmen. Ich lächele nicht. Ich versteinere nicht. Ich spreche. Ich spiele nicht. Ich rede. Und hebt einer die Hand mit den vier, dann stehen zig weitere Menschen plötzlich hinter mir.

IX

Ich esse, ich rede und ich handele. Ich habe mittlerweile meine Tage. Ich möchte eine Familie. Ich habe ein Gesicht, das meines ist. Ich empfinde Freude und ein Gefühl für meine eigene Körperlichkeit. Ich warte nicht mehr auf Personen, die mir eine Bühne geben, die mir einen Text, eine Rolle geben. Ich schreibe mir meine eigene Sprache.

X

Und doch wartet diese Maske in meiner Hand darauf, aufgesetzt zu werden, da ich den Machtstrukturen meines Bezugsrahmens noch nicht entkomme.

Ich handele und ich gleite. Doch ich spüre, dass ich langsam entgleite. Ihren Händen. Vielleicht entgleiten Sie mit mir. Ich wünsche es mir. Und ich habe Ihnen keine Zeit gestohlen. Ich habe Ihnen meine Geschichte gegeben.

Hannah-Sofie Schäfer, geboren 1995 in Neunkirchen (Saar), hat Kunsterziehung und Deutsch auf Lehramt studiert. Sie war Meisterstudierende der freien Kunst und erforscht in Erzählungen und Performances die Grenzbeziehung zwischen Körper, Raum und Material.

Zoe Cross

Von der Kunst, mit Ablehnung umzugehen

Hast du dieses Gesicht hinter der Maske erwartet?

Ja, das mag eine Überraschung sein. Und ganz ehrlich: Ich habe Freunde, die ähnlich aussehen wie ich und jetzt froh sind, sich hinter einer Maske verstecken zu können.

Der Grund, warum ich anders aussehe, liegt darin, dass ich eine Gesichtslähmung habe. Es ist das Moebius Syndrom. Ich habe es seit meiner Geburt.

Eine der größten Herausforderungen mit diesem Syndrom besteht für mich darin, dass ich nicht lächeln kann. Ich kann auch keinerlei Gesichtsausdruck zeigen, auch keine Emotion. Zum Glück aber bin ich durchaus fähig, Emotionen zu erleben, wie Freude und Verbundenheit.

Ich denke nicht, dass ich hier groß beschreiben muss, wie viel Kraft, wie viel Magie in einem Lächeln steckt. Es ist eine blitzschnelle, nonverbale Kommunikation von Herz zu Herz.

Aber was bedeutet das nun für mich? Kurz gesagt, mir fehlt ein elementares Kommunikationsmittel.

Ich war viele Jahre lang Single. Ich war vor allem deswegen Single, weil ich der festen Überzeugung war, dass mich keiner mit meinem Gesicht, mit meinem Anders-Sein lieben lernen könnte. Aber als ich auf die 40 zuging, entschloss ich mich, das schwierige Thema Dating anzugehen, zu experimentieren. Es war nicht leicht. Ich kann mich insbesondere an einen Mann erinnern, der mein Foto sah. Er schrieb mir: »Wow, also wenn ich so aussehen würde wie du, würde ich morgens nie aus dem Haus gehen, ganz zu schweigen davon, online einen Partner zu suchen.« Aber trotz solcher Herausforderungen, trotz solcher Erniedrigungen habe ich schließlich, im zarten Alter von 41 Jahren, meinen ersten Kuss gehabt. Und ein Jahr später habe ich den Mann kennengelernt, der heute mein Partner ist. Wir sind nun seit 7 1/2 Jahren zusammen, und uns geht es wunderbar.

Wie habe ich aber nun die Herausforderung gemeistert, nicht lächeln zu können? Nun, das Nicht-Lächeln-Können war noch nicht mal meine größte Herausforderung, nicht mein größtes Problem. Mein Problem war die teilweise krasse soziale Ablehnung, die ich erlebt habe, und die Furcht vor Ablehnung. Und was ich damit meine, ist zum Beispiel, dass mich Menschen regelmäßig beschimpft haben, »Monster« oder »Schlampe« und »ekelhaft«. Dass sie mich getreten haben, auf offener Straße angespuckt haben, und sogar bewusstlos zu Boden geworfen haben, weil ich anders aussah.

Aber ich habe eine Strategie entwickelt, um Menschen für mich zu gewinnen, trotz meines Anders-Seins. Und ich glaube, dass diese Strategie für jeden Einzelnen von uns hilfreich sein kann, egal, wie du aussiehst.

Die Strategie besteht aus drei Teilen: Akzeptanz, Neugierde, und Verbindung schaffen. Hier eine Geschichte dazu.

Als ich 11 Jahre alt war, gab es in meiner Klasse einen Jungen, der mich oft beschimpft hat. Ich hatte Angst vor ihm, weil ich dachte, dass auch er mich eines Tages angreifen könnte. Und es kam auch fast dazu.

Ich bin eines Tages allein im Keller unserer Schule gewesen, und plötzlich tauchte er vor mir auf. Ich hatte gar keine Zeit zu fliehen. Nenne es göttliche Intuition oder wie du magst, aber plötzlich hörte ich mich Folgendes zu ihm sagen:

»Ich weiß einfach nicht, warum du mir solche Namen gibst. Ich glaube, dass du intelligent bist, denn ein guter Schüler bist du.«

Vielleicht hatte ich ihn kalt erwischt. Auf jeden Fall stand er ganz still da und schaute mich nur an. Und mir wurde in der Sekunde klar: Jetzt kannst du dich in Sicherheit begeben.

Aber das Beste kam noch Wochen und Jahre später: Er hat angefangen, mich ernst zu nehmen, und wurde sogar zu meinem Verbündeten in der Klassengemeinschaft.

Und das ist die Strategie, die ich heute nutze. Ich versuche die Menschen, so wie sie sind, zu akzeptieren. Ich gehe offen auf sie zu, und ich schaffe mit Offenheit und ehrlichem Interesse eine Verbindung zu ihnen. Ich nenne diese Strategie »Lächeln mit dem Herzen«.

Ich finde, dass es wichtig ist, meine persönlichen Erfahrungen zu sozialer Ablehnung und Gewalt zu teilen. Denn meine Geschichte ist kein Einzelfall. Und dabei geht meine Geschichte gut aus. Es gibt auch viele Fälle von Menschen, die sich das Leben genommen haben, weil sie mit der sozialen Isolation und häufig auch Depression, nicht zurechtgekommen sind.

Heute möchte ich für die vielen tausend Menschen weltweit reden, die nicht in der Lage sind, für sich zu sprechen. Und das sind die vielen Menschen weltweit, die ein verändertes Aussehen haben.

Um das Ausmaß des Problems zu verdeutlichen, habe ich hier drei Statistiken aus einer 2017 in England verfassten Studie. Mein tiefer Dank an der Stelle an Face Equality International für ihre Unterstützung, denn Face Equality International setzt sich für die Gleichbehandlung und soziale Integration von Menschen mit verändertem Aussehen im Gesicht ein.

Die Zahlen mögen aus England kommen, aber man kann davon ausgehen, dass die Verhältnisse in Deutschland nicht viel anders sind.

Schule: 4/5 der befragten Kinder und Jugendlichen mit einer »Entstellung« haben als Kinder unfaires, diskriminierendes Verhalten in der Schule erlebt. Dabei scheint es sehr schwierig zu sein, entsprechende Unterstützung durch die Schule zu erhalten.

90 % derjenigen, die Online Dating versucht haben, erhalten ungebetene, beleidigende Kommentare zu ihrem Aussehen.

4/5 der Befragten haben sich nicht auf eine bestimmte Stelle beworben, weil sie Angst hatten, im Vorstellungsgespräch nicht gut anzukommen oder von Kollegen unfair behandelt zu werden.

Ich möchte hier eine Lanze brechen für die volle soziale Integration von Menschen mit verändertem oder außergewöhnlichem Aussehen. Leider ist verändertes Aussehen mit großem Stigma behaftet, und dies wird auch immer wieder in Filmen bestätigt, wo Bösewichte häufig eine deutliche Narbe oder sogar Entstellung haben.

Ich bin Mitglied im Verein Moebius Syndrom Deutschland. Viele der Menschen dort haben einen schwierigen Lebensweg. Und gleichzeitig verbirgt sich hinter jedem Menschen eine wundervolle, einzigartige Geschichte, auch wunderbare Talente und Fähigkeiten. Und sehr oft auch ein großes Herz für andere.

An der Stelle möchte ich an das legendäre Zitat aus dem Kleinen Prinzen erinnern:

»Man sieht nur mit dem Herzen gut. Das Wesentliche ist für die Augen unsichtbar.«

Hier und heute möchte ich meine persönliche Vision für die Zukunft aussprechen, und ich weiß, dass alles möglich ist, wenn der Wille vorhanden ist.

Wenn Menschen wie ich mit dem Herzen lächeln können, so hoffe ich zutiefst, dass es andere immer mehr lernen, mit dem Herzen zu sehen, und die Schönheit all derer anzuerkennen, die jenseits der Normen sind.

https://www.changingfaces.org.uk/for-the-media/facts-figures/
https://www.faceequalityinternational.org

Zoe Cross, geboren 1972 in München, studierte in England Japanologie und EU-Recht. Als Umweltreferentin und Betriebsrätin ist sie heute auch Erfolgscoach für weibliche Unternehmerinnen.

Leonie Lorena Wyss

Ich hab dich gestern rückwärts laufen sehen

*Rede an die Pandabärin Meng Meng, die irgendwann
einfach beschlossen hat, in ihrem Gehege des Berliner
Zoos nur noch rückwärts zu gehen*[1]

Meng Meng

ich hab dich gestern rückwärts laufen sehen
und hab dabei einen Schritt nach vorne gemacht hab
   mich an die kalte Scheibe gedrückt
Gesicht ans Glas
zugeschaut wie du einfach so die Richtung änderst
mit den Hinterbeinen voraus
rückwärts statt vorwärts

es hat mich daran erinnert wie ich selber einmal
alles umgedreht hab wie
als ich entdeckt hab dass das geht
das mit dem Umdrehen

196

wie ich von da an alles nur noch umgedreht hab
verstehst du
wenn du einmal anfängst alles umzudrehen
kannst du irgendwann gar nicht mehr damit aufhören
hab gedreht und gedreht und
die Münze zwischen den Fingern
Kopf oder Zahl
Kopf oder
den kopflosen Fisch in der Pfanne
gebrutzelt und gezischt hat er
hab ihn mit dem Pfannenwender hochgehoben und
zack!
was noch?
den Schlüssel im Schloss die Karte auf dem Tisch
umgedreht und
Dame
noch mal:
umgedreht und
Dame
wollte den König daneben nur einmal toppen also
umgedreht und
Dame
hab immer wieder zugeschaut wie der König sie
    schlägt
umgedreht und

König schlägt Dame Dame verliert
egal wie oft ich die Karte zu drehen versuche König
   schlägt Dame
es sei denn du hast ein Ass im Ärmel natürlich
es sei denn du hast ein Ass weil
Ass König Dame Bub 10 9 8 und so weiter
du weißt schon

ein Tintenfisch müsste man sein
ein Tintenfisch mit Armen in alle Richtungen
und dann an jedem der Arme ein Ärmel aus jedem
   der Ärmel ein Ass
ein A S S
ist das nicht beunruhigend Meng Meng?
dass du mit nur drei Buchstaben gewinnen kannst
A S S
es muss nur ein Buchstabe anders sein kurz nicht
   richtig aufgepasst
und schon A A S
Aas statt Ass
geköpfter Fisch der in der Pfanne stinkt
verwestes Fleisch
Aas
das auf den Meeresgrund sinkt

Meng Meng
ich lieg nachts so oft wach
ich lieg so oft wach und stell mir vor wie es sein kann
 dass ein Mund den andern trifft
oder ein Gewässer das andere
verstehst du
Atlantik auf Mittelmeer
Mittelmeer auf Atlantik
ich habe das nicht gewusst
bis ich einmal an der Meerenge stand
da wo das eine Meer aufs andere
und die Reiseleiterin meinte
<genau hier
also genau hier
wo wir stehen also jetzt gerade genau hier
ist der Übergang vom einen ins andere
Atlantik ins Mittelmeer
seht ihr?>

ich hab mich nach vorne gelehnt und versucht aus-
 zumachen wo
<hier> ist

da oder da?

vor mir nur dunkles Wasser
wer hat festgelegt bis wohin das jetzt Atlantik und ab
wo das dann Mittelmeer ist?

ich bin ehrlich Meng Meng
mir kamen ein wenig die Tränen als ich dich gestern
    so gesehen hab
als ich gesehen hab wie du rückwärts läufst
ich musste mich daran erinnern
wie ich mich gefühlt hab als ich alles nur noch umge-
    dreht hab
hab nur noch das gesehen was dahinter liegt
konnte nicht mehr anders als alles immer weiter zu
    drehen
drehen und drehen und drehen bis mir ganz
schwindlig und

das macht müde
immer nur noch zu sehen was dahinter liegt
oder?
Atlantik ins Mittelmeer
Ass König Dame festgelegte Abfolge die

<Natur>
hat die Reiseleiterin gesagt als ich an der Meerenge
    stand

<das ist ein Wunder der Natur
das eine Meer aufs andere
die ganzen Nährstoffe die da freigesetzt
die ganzen Pflanzen
das ganze Pflanzen Fortpflanzen Einpflanzen Aus-
pflanzen Umpflanzen>

ich hab aufs Wasser geschaut
und dabei nur an Pfeile denken können
<Pflanzen> sagen sie und meinen doch eigentlich
Pfeile
rote Pfeile die sie über das Wasser legen
bis hier hin das eine und dort das andere
bis hier Atlantik und dort dann –

ein roter Pfeil eine Richtung ein Schild
so wie bei dir am Gehege
ein Schild mit einem roten Pfeil

<Pandabärin Meng Meng
am 24. Juni 2017 aus der Transportbox am Frachtter-
minal 2 des Flughafens Schönefeld Berlin geholt>

ich hab dich damals im Fernsehen gesehen
feierlicher Empfang
die Kanzlerin und der chinesische Präsident

die Hände gefaltet vor der Brust
ein Lächeln
im Zeichen der *Diplomatie*[2]
Gesichter ans Glas gedrückt

<wer ein Foto gemacht hat bitte weitergehen ja?>[3]
und von überall

<Meng Meng!
Meng Meng schau mal hieeeer
nur kurz
nur ganz kurz ein – >
ständig macht sich wer ein Bild von dir
während du da sitzt
auf dem Stein mit dem Bambus in der Hand
nur noch langsam vor dir her kaust

<die macht nix anderes mehr>
der Pfleger neben mir hat auf dich gezeigt und dann
    gemeint
<Pfeilbambus *Pseudosasa japonica* am liebsten frisst
    sie den – die kleine Prinzessin – ne?
haben ja wirklich alles probiert
ist ja schließlich unser teuerstes Stück die
Meng Meng
eine Million US Dollar im Jahr kostet die

das muss man sich mal vorstellen
für einen Bären
äh Bärin
muss man sich mal vorstellen davon könnt ich mir
ein Auto oder ein Einfamilienhaus oder nein zwei
Autos und ein Einfamilienhaus oder nein drei Ein-
familienhäuser und vier Autos na ja
auf jeden Fall die bockt einfach
läuft rückwärts
reibt ihr Hintern an der Scheibe
den ganzen Zuschauer*innen hat sie den ins Gesicht
gedrückt
das muss man sich mal vorstellen
da haben wir alles gemacht damit sie wieder vorwärts und dann
na ja
dann natürlich die Tierschützer hier alle aufgelaufen
rumposaunt dass das mit den Bedingungen zu tun hätte
und das bestimmt ein Zeichen ist dafür dass es ihr
nicht gut geht
ziellos und ohne Antrieb soll sie sein
ne Meng Meng?
keine Ahnung was die alles
wir haben alles probiert Honigwasser
haben ihr den Honig wortwörtlich um den Mund
geschmiert

Programm zur Verhaltensanreicherung[4]
hieß das
ein klein wenig Honig nach jedem richtigen Schritt
verstehst du
das hat nichts mit Bedingungen zu tun
einfach ein wenig auffälliges Verhalten ein wenig
   Show
braucht bloß ein wenig Aufmerksamkeit
die kleine *Prinzessin*
Sensibelchen[5]
hm
kleine Drama-Queen
bestimmt bloß die Hormone das kennt man ja
Panda-Pubertät[6]
soll's schließlich ja auch geben
braucht bloß ein wenig Aufmerksamkeit braucht
   bloß einen – >

sie haben dir einen Panda-Mann ins Gehege gesetzt
sie haben dir einen Panda-Mann ins Gehege gesetzt
hat der Tierpfleger erzählt

<damit sie na ja
damit sie endlich mal

verstehst du so ohne Kinder
also kein Wunder wenn die da anfängt zu spinnen
der fehlt doch nur der Mann dann wird das ->

ich hab einen Schritt zurück gemacht
ich hab einen Schritt zurück vom Gehege gemacht
und

10
7
8
Dame
5
Ass

wir drehen uns um
Hintern an der Scheibe
Hintern an die Scheibe gedrückt

drehen uns um, drehen, rückwärts statt vorwärts,
König Bub Dame, fressen einen nach dem andern

die Pfeile, du und ich, ich und sie, SIE und SIE, wir
schälen den Bambus, schälen ihn ganz sanft, strecken die Zunge aus, milchig gelber Saft, der von der
Rinde tropft, milchig gelber Saft, der in unsere Mün-
der tropft, Honigwasser, das wir uns von den Lippen
lecken, wir lecken!, die Zungen ausgestreckt, drehen
uns gegenseitig die Wörter darauf um, drehen, weiter und weiter – DAME D A M E DAMEN D A M E N
M A D E N MADEN – drehen, bis etwas schlüpft, ein
Arm oder, in alle Richtungen wie ein Tintenfisch,
AAS statt ASS, geköpfter Fisch, der zu nicken beginnt,
der an uns vorbei zur Oberfläche sinkt, rückwärts
statt vorwärts, Atlantik und Mittelmeer, Mittelmeer
und, fressen Pfeil für Pfeil die Richtung auf, Hintern
an der Scheibe, Hintern ganz dicht an die Scheibe
gedrückt, Gewässer, das aufeinander, Gewässer, das
ineinanderfließt bis

<genau hier äh also dort
nein da
also hier nein
dort wo wir stehen genau hier
der Übergang vom einen ins >

ich hab dich gestern rückwärts laufen sehen
Meng Meng

ich hab dich gestern rückwärts laufen sehen
und hab dabei einen Schritt nach vorne gemacht

Leonie Lorena Wyss, geboren 1997 in Basel, studiert
Sprachkunst an der Universität für angewandte Kunst
in Wien. Sie schreibt allein oder im Kollektiv, zwischen
Drama, Prosa, Essay und Hörspiel.

1 https://bit.ly/3JgMRxN (letzter Zugriff 27. 07. 2022)
2 https://www.stern.de/politik/deutschland/panda-baeren-
   in-berlin--tierische-vermittler-zwischen-china-und-
   deutschland-7525460.html (letzter Zugriff 27. 07. 2022).
3 https://www.youtube.com/watch?v=0b-mbQMTQPQ
   (letzter Zugriff 27. 07. 2022).
4 https://www.welt.de/wissenschaft/article171804174/Meng-
   Meng-Raetsel-um- Berlins-rueckwaertslaufenden-Panda-
   geloest.html (letzter Zugriff 27. 07. 2022).
5 https://www.tagesspiegel.de/berlin/pandabaeren-im-
   berliner-zoo-warum-meng-meng-rueckwaerts-laeuft/
   20766546.html (letzter Zugriff 27. 07. 2022).
6 https://www.bz-berlin.de/archiv-artikel/darum-laeuft-
   panda-dame-meng-meng-rueckwaerts (letzter Zugriff
   27. 07. 2022).